名师名校名校长

凝聚名师共识
回应名师关怀
打造名师品牌
培育名师群体

顾明远题

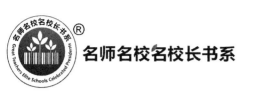

名师名校名校长书系

悠然「见美」

任务驱动型图像识读
落实立德树人教学策略探究

王安金 / 著

天津出版传媒集团

天津人民出版社

图书在版编目（CIP）数据

悠然"见美"：任务驱动型图像识读落实立德树人
教学策略探究 / 王安金著. -- 天津：天津人民出版社，
2022.12

（名师名校名校长书系）

ISBN 978-7-201-19121-8

Ⅰ.①悠… Ⅱ.①王… Ⅲ.①美术课—教学研究—高
中 Ⅳ.①G633.955.2

中国版本图书馆CIP数据核字（2022）第255658号

悠然"见美"：任务驱动型图像识读落实立德树人教学策略探究
YOURAN JIANMEI：RENWU QUDONGXING TUXIANG SHIDU LUOSHI LIDE
SHUREN JIAOXUE CELÜE TANJIU

出　　版	天津人民出版社	
出 版 人	刘　庆	
地　　址	天津市和平区西康路 35 号康岳大厦	
邮政编码	300051	
邮购电话	（022）23332435	
电子信箱	reader@tjrmcbs.com	

责任编辑	张潇文
装帧设计	言之凿

印　　刷	北京政采印刷服务有限公司
开　　本	787毫米×1092毫米 1/16
印　　张	12.25
字　　数	221千字
版次印次	2022 年 12 月第 1 版　2022 年 12 月第 1 次印刷
定　　价	58.00元

序言

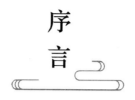

我是一名语文教师?

我是一名美术教师?

若要问我,到底是一名语文教师,还是一名美术教师?

我想说,都是,也都不是。教学就像一场旅行,行而学,学而行。21年的教学经历,一半在语文,一半在美术。说来苦涩,语文没学好,美术也没学好。但对比之下,更觉偏爱美术,于是我正在坚定地进行美术教师之旅。

记得儿时喜欢乱涂乱画,但受到条件的限制,单凭学校里零星的美术课,亦是不痛不痒,既没有感受到美术的美,也没有领略到绘画的乐。直到2000年走上讲台开始工作,教学之余竟有大量的闲暇时光,除去备课、家访,似乎无聊至极。山村的学校教师较少,且大多数同事下班后都要回家做家务。我这个离家较远的年轻同志,自然选择以校为家。空虚、无聊之际,深感青年的时光被白白虚度。

曾经想过继续读书,想过外出闯荡,想过悠哉游哉,想过好好教书,想过考公务员……但这些都仅限于"想",没有付诸行动。某一天,发现自己依然惦记着画画,何不利用空闲时间自学呢?还可以教教学生,多好的事啊!想得兴奋之际开始了行动,办起了课外兴趣小组。购买画材、购买光盘、招收学生,一阵"假把式"之后,由三五个学生组成的兴趣小组开始"营业"了。空余时间自己看光盘,琢磨内容,横涂乱抹,算是练习、备课,然后再把自己学得的三招两式教给兴趣小组的学生。哈哈,还深得学生们喜爱,我好像也增强了信心,特别是2001年所辅导的一个学生获得县级现场绘画比赛三等奖后,更信心满满地认为自己也可以做一名美术教师啦!

从此便惦记着做一名美术教师。但路途并非想象得那么美好，一路坎坷，一路拼搏，差不多十年后才真正开始走近美术及其教学。

美术既是一门技术性极强的学科，也是一门人文性极丰富的课程，在其中能感知历史风韵、人文境致、创新元素、审美判断和文化认同等，能满足视觉识读的需要，更能满足"无以言表"的心领神会。经过摸爬滚打，2016年我评上了副高职称。这反倒让我深思：美术高级教师"高"在何处？职称晋升到高级后就能说明水平也高吗？我反思，下定决心，绝不能就此止步，更不能就此躺在"高级职称"上养老。

这让我想起吴非老师对一部分教师的描述："不想吃苦，不肯变革，'混'成习惯，也就希望大家'静止'，永远处于同一水平上；看到同行取得一点成绩，不是见贤思齐，而是千方百计地替他找寻不足，以安慰自己；对同行在探索过程中的失误，则幸灾乐祸。自己不奋斗、不努力，见同行取得成就，只会嫉妒，总像有一群小虫子在啃自己的心；把别人的成就当作心理重压，把自己的工作当作挣扎，他拿着那把小尺子，说长道短，量遍一切人和事，就是量不出自己永不平衡的心胸。这样的教师，很难有所作为。"

人生就像一场旅行，在别人眼里是风景，自己身在其中或许是痛苦。没有亲身经历和体验，永远不知风景的美与丑，不知旅行的苦与乐。拿着小尺子量遍人和事的教师或许是快乐的，但我不敢苟同。

重新审视自我，我选择的美术教学该走向哪里？我该如何自我定位？我要做一名怎样的美术教师？

教育家加里宁曾说："教师的世界观、他的品性、他的生活、他对每一现象的态度，都会这样那样影响着全体学生，这点往往是察觉不出的。如果教师很有威信，那么这个教师的影响就会在某些学生身上留下永远痕迹。"我需要对教学观、价值观、世界观等重新定义。"思想有多远，我们就能走多远。"索性立下几条要求时时鞭策、勉励自己：

做一名有梦想的美术教师，不设限于写写画画。美术教师的职业特性，既需要专业的美术表现能力，又需要精熟于课堂教学，二者就像"双翅"，要想在这一职业上走得更远，就需做一名"双翅飞翔"的专业型美术教师，既有深耕的绘画专业，又有谙熟的课堂教学主张和教学能力，而不能把美术教师设限于只会写写画画，既要有画家的专业功底，又要有教育家的情怀抱负。

做一名阳光的美术教师，不设限于自我成长。阳光是万物成长的养料，学生的成长同样需要教师阳光般的照料。美术教师自己要阳光健朗、朝气蓬勃，更要关注每个学生作品中的真实表达，对那些心灵有创伤、情绪低落、内心灰暗的学生给予阳光般的抚照，激励他们阳光豁达、积极向上，勇于表现内心的大美。因为在美术表达的过程中，美术教师最能发现学生的内心世界，美术教师需要有阳光般的锐眼，时刻以大爱情怀引领学生走向未来。不仅要发现世间万物的美，还要发现学生身上的美、内心人性的美。

做一名有思考的美术教师，不设限于美术教材。美术教师的职责不仅仅是教学生画画那么简单，还需要有更多审美判断和文化守创的人文思考在其中。美术教师要全面地了解历史、文化、心理、人文、社会等多领域的知识，不断丰富认知，提高审美识读和判断能力，只有这样才能更好地引导学生成长。这就需要从研究做起，让思考与发现助力成长。对于美术课堂来说，美术教师亦要像导演--样，为学生设计精彩的教学流程，时时给学生创造悬念和期待，提高美术课堂教学的魅力。美术教师要做美术教学的深度研究者、积极践行者、课程设计者、资源开发者。

做一名有大美的美术教师，不设限于美术教学。积美成善，积善成德。美术教师除了要用专业的眼光去发现、欣赏、赞许学生，更要胸怀大美，拥抱快乐和幸福。有大胸怀方有大美景，有大真诚方有大美心。美无处不在，需要走近，需要发现，除了课堂教学，美术教师还要在校园、生活、社会中，带领学生走近大美的家园，胸怀祖国，不断培养学生的审美素养。教大美课程，育大德学子。

做一名有担当的美术教师，不设限于美术教育。师者，立德树人，人人立德，处处树人。三尺讲台，需躬耕的虔诚者，需筑梦的奠基人，需指引的明白人。美术教师也不例外，同样肩负着立德树人的根本使命，绝不能走进狭小、单纯的美术教育空间，让鲜活的美育窒息。修德，为人师

序言

表；修行，身正为范。

坚信"活得像个人，才能看见美"，坚信"不忘初心，方得始终"，虽路途漫漫，但愿上下求索。

"潮平两岸阔，风正一帆悬。"教育改革的浪潮催生了以素养为引领的教学革命，给美育教育教学带来了勃勃生机。"五育并举"的教育新时代来临，美育人理当肩负神圣使命。

"以大爱之心育莘莘学子，以大美之艺绘传世之作。"

"要全面加强和改进学校美育，坚持以美育人、以文化人，提高学生审美和人文素养。"

"艺术的最高境界就是让人动心，让人们的灵魂经受洗礼，让人们发现自然的美、生活的美、心灵的美。"这是习近平总书记关于美育的重要论述，为美育工作指明了初心使命、前进方向、未来目标。

《关于全面加强和改进新时代学校美育工作的意见》中指出："美是纯洁道德、丰富精神的重要源泉。美育是审美教育、情操教育、心灵教育，也是丰富想象力和培养创新意识的教育，能提升审美素养、陶冶情操、温润心灵、激发创新创造活力。"美术学科是实施学校美育的重要途径，以美育人是美术教育教学的根本要求和基本职责。新时代正在全面构建德智体美劳五育并举的教育发展体系，正在呼吁教育高质量发展，建设教育强国。美术与人的健康发展、社会文明进步有着密切联系，实施美术教育，培育健康审美观念；认识文明成果，坚定文化自信；激发创新精神，促进个性成长，是教育改革所需，也是教育高质量发展所需，更是社会现代化发展所需。

在物质条件日益丰足的当今社会，美术学科的育人价值也逐渐凸显，顺应时代需要，崇真、尚美、行善成了精神文化追求和社会公民自觉。美术是图像化的表现艺术，在信息传递媒介的不断更新换代中，图像化成为最直观、最快捷的传播方式，在提供视觉美感的同时饱含大量信息，起到信息传递的作用，因此，快速识读图像已成为生活常态，以美的图式表达和倾诉已成为时代需求。但在现实的美术教学中，培养学生眼睛"看"的能力似乎是一个盲点。在越来越多的美术教学活动中，直接指向技能讲解和传授的课堂，学生越来越没兴趣，也越来越不知如何下笔，更不知如何表达自己。

《普通高中美术课程标准（2017年版）》明确了五大学科核心素养，把"图像识读"作为美术学科的首要素养，指出未来公民对图像的识读能力将是最为基本的美术素养。图像识读是指人们进行大量的视觉信息输入，丰富视觉思维经验，进而生发出美术表现、审美判断、创意实践和文化理解。丰子恺先生曾说："美术是为了眼睛的要求而产生的一种文化。""越是文明进步的人，眼睛的要求越是大。人为了眼睛，故必须有美术。"核心素养理念引领下的美术教学，更加强调以"情境"为中心的知识灵活运用和技能自如表达，在原有经验的基础上，在解决问题的过程中，不断形成扎实的素养。美术教师要积极引导学生在各种美术活动体验中，善于发现美的元素、感受美的氛围、欣赏美的韵味，培养一双明亮的眼睛，提升审美素养，陶冶性情，浸润心灵，丰富视觉认知，提高内心审美判断力，达到以美育人、以美立德的目的。

基于这样的认识和理解，三个关于"图像识读"的省级课题成功立项：一个叫"见美课堂"的教学主张应运而生，一个叫"任务驱动"的教学策略基本成型，一个叫"以美立德"的教学追求走在路上……

现壮着不怕出丑、不怕批评、不怕否定"三不怕"的胆量，抱着诚心交流、诚心吸纳、诚心改进"三诚心"的情怀，秉持优化自我、优化课堂、优化育人"三优化"的追求，将心路历程"晒"出来，算是讲述自己的故事，讲述课堂的故事，讲述美育的故事吧！

经过一年多的时间，对五年来的探讨、思考进行了认真梳理、总结，形成了这些肤浅的文字，也是第一次以"书"的形式和大家见面，恳请各位读者指正！

王安金

2022年2月26日凌晨

序言

目　录

悠然「见美」
——任务驱动型图像识读落实立德树人教学策略探究

第一章

图像识读　以美培元

《普通高中美术课程标准（2017年版）》中指出："美术是运用一定的媒材及技术表现人的需求、想象、情感和思想的艺术活动。……在信息技术迅速发展的今天，美术广泛而深度地融入社会，以丰富和多样的视觉形态促进交流、传播文化、发展创意、服务社会，凸显其人文性和工具性价值。"《关于全面加强和改进新时代学校美育工作的意见》中指出："以习近平新时代中国特色社会主义思想为指导，全面贯彻党的教育方针，坚持社会主义办学方向，以立德树人为根本，以社会主义核心价值观为引领，以提高学生审美和人文素养为目标，弘扬中华美育精神，以美育人、以美化人、以美培元，把美育纳入各级各类学校人才培养全过程，贯穿学校教育各学段，培养德智体美劳全面发展的社会主义建设者和接班人。"

美术是承载美育的关键课程，发挥着重要的育人作用。一个具有较高艺术素养的人，一定能够较好地洞察、感悟、理解、包容人类社会的活动本质，不管是生活、工作还是社会参与，都能展现出良好的人格素质。他能发现美、感受美、欣赏美、体验美、创造美，拥有美的理想、情操、品格和修养，所以美术课程发挥着较为综合的育人功能，最终回归到"立德树人"的育人宗旨上。

"世界不是缺少美，而是缺少发现美的眼睛"。在人体的所有器官中，眼睛观察事物的水平对人的美术表现能力起到决定性作用。眼睛是人的洞察世界万物样态的直接源头，更是人的获取图像信息的快捷途径。美术教育不仅仅是"美"的结果呈现，还应该具有发现、识读、创造、内化、立德的育人功能。培养一双善于观察的眼睛，理应成为美术教育的责任和使命。

第一节　图像识读的意义

随着信息技术的飞速发展，"图像"已成为人们传播信息和快速交流的重要工具，焕发出新的时代使命和强大的生命力，在表达思想、传递情感和传输信息等方面发挥着强大而独特的作用。图像识读则成为当今人们在学习、生活、工作中必不可少的能力之一。核心素养引领下的美术教育，图像识读是最基本的美术素养之一，发挥着重要的作用，能切实帮助学生提高发现、判断、审美、创作等能力和水平。

一、研究图像识读的源起

"当今社会已经进入了以图像为中心的时代，电影、电视剧、绘画、摄影、广告、设计、建筑、网络、游戏、多媒体等互为激荡汇流，这就是人们所称的视觉文化时代。'视觉文化'这个词强调图像被镶嵌于更为广阔的文化之中，图像是一种文化形态。"[1]图像广泛应用于信息传播已是当今社会的典型特征之一，将大量的信息图像化、信息化，使之传播得更快速、更直观、更便捷。国内对视觉文化、图像时代与美术教育的研究是近些年才开始的，《图像传播学》是目前国内仅有的专门研究"图像传播"的著作，作者是南京大学的韩丛耀教授，他在书中对"图像传播"这一概念作出了明确的阐释，并深入探讨了"图像传播"的研究层次和意义。"图像是制造出来的，可以被放映、展览、出售、审查、放置、毁坏、碰触并且被改写。图像

---

① 韩丛耀.图像：一种后符号学的再发现［M］.南京：南京大学出版社，2010：1.

第一章　图像识读　以美培元

被不同的人，为了不同的理由，以各种方式制造和使用，而影响制造和使用的效果，这对其所携带的意义是最重要的因素。图像有其专属的效果，不过该效果必须借助各种现实情景作用才能发挥。人们观看图像总是发生在传播环境中，而社会传播环境之间促成了图像的作用。"[1] "图像是视觉的对象物，它既属于技术层面，又属于文化内容。在传播活动中，图像是结构主义的终结，同时成为经验主义的工具。"[2]

2006年，王大根教授在《中国美术教育》上发表文章《美术是一种重要的学习方式》，指出在视觉文化时代，生活中的视觉信息激增，要求通过美术教育培养学生形成"视觉读写能力"。其中，"视觉识读能力"是一种学习人类文化和了解生活中视觉信息的能力；"视觉表达能力"则是一种以形象化的感知方式，独特的思维态度和思维方式，可视化、艺术化的形式表达自己的思想和情感，解决生活和学习中种种问题的能力。

2017年，尹少淳教授在《中国中小学美术》上发表文章《"头摇尾摆"——学科核心素养本位的美术教学》，指出中国的教育已经进入了核心素养时代，教育目标发生了根本改变，导致了教学关注点的挪移。核心素养本位的美术教学，其关键是在问题情境中引导学生选择和获取知识，并学会解决问题，进而形成学科核心素养。

李力加教授在《基于图像识读目标的图像分解教学设计》一文中指出，以图像识读为目标的教学设计，在视觉认知图式和思维相继发生变化之后，小孩子的作品自然会发生变化，也就是说，在某种图像识读的引导之下，小孩子的作品会呈现画面的完整性、形式的逻辑性、表现的多样性、工具的随意性、创意的荒诞性以及超现实性。

在中国知网上搜索"图像识读"主题，共有114个结果，可见在美术教学中对图像识读能力的研究较丰富。山东师范大学的谢汝强教师在其题为《"读图能力"培养与高中美术鉴赏教学研究》的硕士毕业论文中写道：

① 韩丛耀.图像：一种后符号学的再发现［M］.南京：南京大学出版社，2010：2.
② 韩丛耀.图像：一种后符号学的再发现［M］.南京：南京大学出版社，2010：3.

"在高中阶段通过美术鉴赏课来培养、训练学生的读图能力，是现代教育的基础性任务"。文中还提到"读图"是人通过视觉上的观看对图像进行理解和运用的能力，并在此基础上进行审美和创造活动。新疆师范大学的研究生高冬梅在其论文《动漫欣赏中视觉读写能力的培养研究》中，将视觉读写能力的培养分解为视觉感知力、审美力、解读能力和表达能力的培养。2013年，山东师范大学的研究生张婷在《小学美术教学中图像感受能力培养的实践探索》论文中，从小学美术欣赏课出发，结合理论提出了会看图像、感受情境、会说感受的培养策略，并从小学美术欣赏课的教学方式和评价方式出发进一步阐述，随后通过课堂实践与案例分析来检验其理论。

受此启发，笔者在美术教学中特别关注对图像识读这一基本素养的教学探讨，其源起如下。

1. 素养时代美育所需

读图时代，信息"获取"不再困难，真正困难的是甄选、深入分析理解、实际运用和创新运用。核心素养引领下的教育发展，将立足于培养"学生应具备的、能够适应终身发展和社会发展需要的必备品格和关键能力"。在美术教学中，对学生"图像识读"能力的培养，要优化学生视觉体验，强化学生"看什么""怎么看""为何看"等美术学习能力，为美术持续学习打下坚实的基础，既响应"读图时代"综合能力养成的号召，又注重提升学生的审美素养和美术表现能力。

2. 夯实美术学习基础

李力加教授所著的《唤起知觉经验的美术学习》一书中阐述了视知觉思维理论指导下的美术学习，指出美术教学的目标是培养学生独特的眼光，使学生具备不仅仅用眼睛"看"，而且能够用脑指挥视觉去"见"的审美能力，"用脑看事物"即"看见事物"与"理解事物"同时进行。每个学生对自己生活中的视觉经验、视觉图像（影像）的解读（分析），往往因为个体的观察视角不同而有不同的反应。眼睛的感知水平和大脑的认知差异，决定着学生动手表现的图式和文化内涵，具备艺术的眼光是学生重要的美术学习基础。

3. 学习方式变革倡导

造型表现领域强化图像识读，重点关注学生在美术课堂上发现了什么。

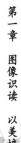

第一章 图像识读 以美培元

在美术教学中，美术教师受"灌输中心的教学"影响过深，过分强调单一的画或制作训练，只关注美术学科知识，忽视学生对作品的多元识读和视觉体验，"动手"成了核心。美术学习的本质不仅是美术学科知识和技能的养成，更是对视觉图像的探究与创造，是一个审美与发现的过程。识读图像、学会欣赏是贯穿所有美术学习领域的核心素养，也是美术学习质量的决定因素，只有改变学生的观看方式（学习方式），提升视觉审美能力，才能让学生发现美和创造美。

《像艺术家一样思考》一书开篇这样写道："绘画是一个求知的过程，它与视觉紧紧地纠缠在一起，以至于很难把它们俩分开。绘画能力主要依赖于像画家那样看待事物的视觉能力，而这种看待事物的方式能让你的生活不可思议地丰富起来。在很多方面，教美术就像教某人骑单车一样，很难用语言来解释到底是怎么一回事。在教人骑单车时，你可能会说：'好吧，你只要骑上去，踩着踏板，掌握好平衡，然后你就骑走了。'当然，这根本算不上什么解释，而你最后很有可能说：'我上去骑给你看。注意看着我是怎么骑的。'这种情况跟绘画一样。大多数美术教师和美术教科书的作者们忠告初学者'改变你们看事物的方法'以及'学习如何看事物'。问题是这种看事物的不同方法很难解释，就像如何在单车上平衡一样。结果，教师经常会以此作为结束：'看着那些范例并不断尝试。如果你练习很多次，最终你有可能学会。'尽管几乎每个人都能学会骑单车，但很多人永远也解决不了如何绘画的问题。准确地说，大多数人永远也没学会更好地看事物，以至于不能绘画。"

4. 有益学生审美提升

从儿童审美心理的角度看，图像识读就是儿童凭借自己特有的图像经验，根据一定的审美格律，对美术作品和图形影像进行独创性审美理解和认知，从而重构自己的图像经验，提升自己的精神品格。90多年前，丰子恺先生认为美术是为了眼睛的要求而产生的一种文化。越是文明进步的人，眼睛的要求就越大。新时代的发展需要学生具有发现美的眼睛。法国教育家卢梭认为，美术教育的目的在于使学生获得正确的视力和敏捷的手法，以帮助他们更好地认识和把握周围的世界，美术能发展学生的视觉和触觉。强化图像识读，切实提升学生的审美能力。

二、图像识读的现实意义

美术活动主要包括美术欣赏和美术创作两方面，在视觉文化时代，美术欣赏成为一种"初学识读能力"，侧重于学习人类文化和了解生活中的视觉文化信息；美术创作则成为一种"视觉表达能力"，侧重于用视觉化的形式表达自己的思想和情感，解决生活和学习中的种种问题。在造型表现中，注重学生图像识读能力的培养，就是要唤醒美术教师、学生认清其意义，掌握其方法，了解视觉识读的作用，把与图像有关的观看行为提高到解读、阐释等阅读行为的高度，甚至把图像识读看作是视觉时代的一种重要学习方式，对提升学生的美术造型、表现能力具有积极意义。

1. 增强观察力

"造型表现"就是画画吗？很多教师在平常的教学中，误以为"造型表现"就是让学生画画、涂涂，完成一张所谓的作品。但事实上，"造型"与"表现"是美术表现活动的两个层面，"造型"是基础，体现在对客观物象的观察、感知、理解等方面，而"表现"是通过造型的过程和结果来完成的，且赋予造型特定的含义。要提高学生的造型表现能力，就必须通过增强学生的图像识读能力来提高学生对客观物象和艺术作品的观察力。在造型表现领域三维目标中，要求学生观察、认识与理解线条、形状、色彩、空间、明暗、肌理等基本造型元素，运用对称、均衡、重复、节奏、对比、变化、统一等形式原理进行造型活动。这些素养是从较强的图像识读能力中逐渐形成和历练的，学生的观察不会空穴来风，更不会自然发生。即便是美术天才，也需要识读大量图像，感受图像所呈现的美感，并内化为自身素养，这样才能更好地观察客观视觉现象，为造型表现奠定良好的基础。

2. 提高鉴别力

"艺术源于生活，又高于生活。"学生在绘画创作的过程中，对绘画题材的选择以及相关主题的表达、对素材的取舍以及视觉形象的鉴别是至关重要的。只有选择那些感动心灵、愉悦视觉、协调美观的物象，才能创作出感人的作品。同样的大自然或者场景，不同的人选材不同，表达的效果也就不

同。这当中的取舍、鉴别能力，离不开平常的图像识读，没有积累，一定不能形成合理、有效的取舍和鉴别能力。美术是视觉的艺术，在美术学习表现时，既要体现美感，又要表达学生的主观情感，这就需要取舍，需要学会选择，培养学生对视觉物象的感知、理解、运用等能力，提高学生的审美素养和鉴别能力。

3. 激发想象力

想象力是人在已有形象的基础上，在头脑中创造出新形象的能力。例如，同样是以荷花为主题的画，大多数人会直接表现荷花，但在齐白石老先生的笔下，一个名为《荷花影》的神品，就别有一番韵味。按常理来讲，倒影与具象是方向相反的，在微风吹拂的水面，小蝌蚪是看不见荷花倒影的，但在齐白石老先生的笔下，倒影与荷花是相向的，且小蝌蚪一个劲地涌上去，以独特的视角，画出了"似与不似"之妙，画出了诗情，更画出了深刻的生活哲理。小蝌蚪执着的追求美好事物的精神很好，但如果追求的是一个幻影或根本无法得到的东西，岂不白费劲？造型表现仅是对客观视觉现象进行表现吗？造型表现绝不同于照相机，在美术作品中，必定会赋予作者大胆的想象，表现作者的思想、情感、修养甚至哲理等。如果一个学生不能读懂作品，对作品中精彩的想象视而不见，他肯定不会拥有精彩的想象。对视觉现象的表达，需强化学生视觉过滤、思维酝酿后的感悟和想象，启发学生思维，引领学生主动发现与创造。

4. 丰富表现力

图像识读要求学生"能从维度、材料、技法、风格及发展脉络等方面识别图像的类别"，即要求学生能从美术创作等角度识图，真正读懂作品的艺术表现技法。对作品进行识读，读懂是怎么做的与看懂是什么内容同样重要。艺术作品所表现的感染力，往往取决于独特的表现方式或创作方法。以路为例，梅因德尔特·霍贝玛的《林间小道》真实地表现了自然的景象，成功地运用了焦点透视的技法，画面显得明朗、素朴，洋溢着一种较为欢快的气氛。列维坦（俄国）的《弗拉基米尔之路》，整幅画面一分为二，上半部分是有着层层浓厚白云的天空，有着一种极为强烈的压迫感；下半部分是一望无际的大地，大地的中间是一条荒芜的土路，土路中间有一个人影。弗拉基米尔路是一条流放罪人的道路，在这幅画中，仿佛看到被流放的"囚犯"的身影，路没有尽头。画中的大地从近到远逐渐变得灰蒙，让人感觉到前途的渺茫和无助的心境。要显示出艺术作品强大的感染力，就必须选择一种独特的绘画表现形式，这样才能表现一定的意境、主题、律动、品位等视觉形象。通过图像识读，可以让学生了解丰富的绘画表现形式，体味各种表现手法的独特魅力，由此及彼，引导学生培养创新思维，选择恰当的创作手法表现作品。

5. 提升文化力

图像识读要求学生"知道图像在学习、生活和工作中的作用与价值，辨析和解读现实生活中的视觉文化现象和信息"。文化力是人类社会特有的，其作用是无穷无尽的，也是无边无形的，永恒地植根于人们的社会生活中。在艺术发展的历程中，每一个经典的作品所呈现的必定是特定背景下的人文内涵。美术表现失去了文化支撑，就像鱼儿失去了大海。对于学生而言，或许还没有意识去表达某种文化倾向或内涵。但在美术教学中，美术课不能没有文化，作品识读不能没有文化，作品表现更离不开文化。但文化从何而来？从美术的角度看，大部分仍然是在图像识读的过程中积淀的。图像识读有助于学生深入理解文化，提升学生的文化力。《蒙娜丽莎》《思想者》《父亲》《转战陕北》……这些图像时常出现在图书或现实生活中，它们已经不是简单的图像，而是诠释着一个国家、一个民族的人文历史等。美术学习其实也是一个文化传承的过程。让学生透过艺术作品识读各国、各民族的文化背景，理解各自的人文内涵，能切实帮助学生构建正确的文化理解。同样，学生有了文化理解力，所创作的作品自然就会或多或少地凝结一定的文化内涵。

学会识读图像，既是适应视觉文化时代的需要，也是快速领悟、判断图像价值的需要。让学生形成图像识读素养，既是美术教学的重要责任，又是培养学生未来生存和发展的教育价值取向。

第二节　图像识读水平及特征

图像识读指对美术作品、图形、影像及其他视觉符号的观看、识别和解读。[1]其内涵为：运用整体观察的方法，感受美术作品、数字图像、影视作品或生活中各种图像符号的造型、色彩、比例和肌理等形式特征，以及材质、技法和风格特征。其水平划分如下。

水平一：能运用整体观察的方法，感受图像中的造型、色彩、比例和肌理等形式特征。识别、比较图像之间在材质、技法和风格特征方面的异同。在美术鉴赏活动中，能对美术作品表达自己的看法，发展自信心。

水平二：能运用整体观察的方法，识别、比较图像中的造型、色彩、比例和肌理等形式特征。分析、解释图像中的风格特征及发展脉络，了解图像中所蕴含的情感、态度和观念。在美术鉴赏活动中，能与同学一起研究和讨论，发表自己的看法。

水平三：能运用整体观察的方法，选择、辨析各种图像中的造型、色彩、比例和肌理等形式特征。从历史或文化角度来分析、研究图像中隐含的各种历史文化现象和信息。在美术鉴赏活动中，能主动搜集各种资料与同学一起研究和讨论，撰写评论文章，发表自己的看法。

从图像识读的三个水平进行识读层次分解，可依次分为感受、比较、辨析三个层次。

---

[1] 中华人民共和国教育部.普通高中美术课程标准（2017年版）［S］.北京：人民教育出版社，2018：4.

一、图像感受

丰子恺先生曾说："美是感情的，不是知识的；是欣赏的，不是实用的。"由此来看，图像识读应该是美术教师教给学生的一种最基本的美术素养，其最基本的层次便是视觉感受。建议直观感受美术作品、视觉图像等，倾向色彩、形式等视角，注重物象层表现，初步感知技法、风格等，可用于视觉唤醒，宜直观展示，强调视觉感知，创设问题情境，感受美术信息，唤起生活经验。在实际学习中，不需要付出太多努力，凭直觉思维或直观感受就能识别、比较图像，是美术学习的基础，也是必须经历的过程。每个学生都会首先经历感受，由此唤起认知和心理反应。没有经验的学生也可以直接学会或做出反应，无须思考和判断。就像课堂上学生发出对作品的感叹时，其实就是一种视觉感受，是单层学习，唤起学生的初步感受。美术教学是帮助学生认识世界的一种方式，通过识读大量的图像，逐步引导学生增强视觉表达能力，提升欣赏水平，为发现和创造新的美夯实基础。

二、图像比较

视觉判断，需要基本的美术技能和能力，能区别画种、色彩、构图、技法等，能对具体的美感、审美表达、价值体现等进行识读，突破某种技能技法的限制。在美术教学中，建议从艺术表现层进行识读，从造型、比例、风格、情感等进行识别；从审美判断层识读，运用整体观察方法进行比较等，对于呈现的图像必须经过进一步的学习和多层次的分析、加工、综合，以帮助学生建构美术语言和认知。在进行视觉判断时，常常需要对图像进行分解。围绕教学主题分解图像、图形，剖析图像、图形中的空间关系、线条、色彩、造型等，并以美术语言分步骤呈现，形成美术教学脉络，强化学生对图像、图形的细致观察、审美判断和深度理解，既是自身图像识读能力培养的需要，也为视觉信息输入打下基础。

三、图像辨析

这是一个较高水平的图像识读，需要综合加工、多层次思维、创造性与

第一章　图像识读　以美培元

批判性思维并存，能从多元视角和途径进行解读，是美术核心素养中的高阶图像识读能力。在由视觉信息输入到识读输入的过程中，需要提升学生的综合素养，需要对基本的背景知识、表现宗旨、地域文化、派别风格等进行大量的掌握，更需要花费大量的时间和精力。在视觉感受、判断和思维认知都发生后，学生的美术学习行为会发生变化，按照自己的认知水平，对构图、画面、主题等提出更高的要求，也可以说是审美水平的提升，对某些作品有了自己的理解并会受之影响，甚至倾向于某种风格的表达。学生有了图像识读的能力，才会有美术表现、创新能力、正确审美和文化理解。

对视觉图像进行深度识读，不仅仅是简单地分解、解剖艺术作品，而是立足整体去感知、赏析，以美术教师较强的美术修养和扎实的专业学识对学生进行引导，对美术课程的性质和特征进行深入了解，深入认知学生的年龄特征和美术能力，正确认识美术核心素养，以学生美术图像识读能力构建为出发点和归宿，切实选取正确、有效的途径和角度，帮助学生学会图像辨析、图像分解和图像关联，减少盲目、浅表识读，让学生真正习得良好的图像识读素养。

美术教师在引导学生进行图像识读时，通过预设识读水平划分，充分调动学生已知的审美结构，自觉地把思维习惯、思想情感、文化认同等折射到图像上，从直觉、视觉、听觉、知觉等进行识读体验，对作品或视觉图式的构图、色彩、背景、艺术家、画种、创意、文化内涵、作品建构、鉴赏、社会影响等进行识读，切实提升学生眼睛"看"的能力，优化学生的视觉体验，让学生走进视觉图式（视觉经验建构），注重质疑与思考，强调学生自我认知、发现和积淀，同时以美术核心素养为本位，减少单一枯燥的美术学科知识灌输和技能训练，让美术学习从"看见（应目）、看清（直觉）、看懂（理解）、看明（心领）、看透（神会）"等开始，激发学生对美的追求和创造，完成图像经验从"旧知"到"新创"的建构。不同识读层次基本表现及关注点如表1-2-1所示。

表1-2-1　不同识读层次基本表现及关注点

识读分层	图像感受		图像对比		图像辨析	
基本表现	不需要付出太多努力，凭直觉思维或直观感受就能认识图像，是美术学习的基础，也是不可缺少的环节。每个学生都会首先经历感受，由此唤起对认识和心理的反映		对呈现的图像必须经过进一步的学习和多层次的分析、加工、对比、综合，以帮助学生建构美术语言和认知		一种高水平识读，需要综合加工、多层次思维、创造性与批判性思维并存，能从多元视角进行解读、关联，是美术核心素养中的高阶能力	
分层	看见	看清	看懂	看明	看透	交融
识读深度	直观感受是什么	自然物象层怎么样	艺术表现层怎么样	审美判断层怎么样	文化理解层包含哪些文化元素	心灵与图像的高度契合，并转化为美术语言和表现
基本特征	没有经验的学生可以直接学会或做出反应，无须思考和判断	单步学习，唤起生活经验，能从物象层面辨析识读	需要基本的美术技能和能力，能区别画种、色彩、构图、技法等知识	从具体的美感、审美表达、价值体现等进行识读，突破单一技能技法的限制	需要对基本的背景知识、表现宗旨、地域文化、派别风格等进行大量的掌握，需要花费大量的时间和精力	在由视觉信息输入到识读输入的过程中，需要学生综合素养的提升
识读建议	直观图像展示（宜多）	创设问题情境，结合生活经验	分类辨析，抓住主要特征。根据分类表现需要选择代表图像，如中国画、油画等，对相关技能进行练习	从学科核心素养出发，创设问题导向，逐层引导深入	主题学习，通过观察、搜集、讨论、分享等方法综合实践性学习	

13

第三节　纵深视觉理解识读

　　建构主义理论是认知心理学派的一个分支，其中一个重要的概念是图式。图式是指个体对世界的知觉理解和思考的方式，也可以把它看作是心理活动的框架或组织结构。图式是认知结构的起点和核心，是人类认识事物的基础。王大根教授认为，学习知识是主体在实际的情境中，通过已有经验和自身智力结构而产生的一种情感体验，主客体之间是一个主客观互动、相融的过程。因此，知识具有不确定性、多元性和动态生成性等特点。知识是由主体认知结构和外部刺激所产生的情感体验，是两者相互作用的结果，这个过程是在不断主动建构之中的，同时通过对主体的反思和对自身认知过程的控制，以达到主客体之间的对话和沟通，从而超越客体表象的认知，达到拓展主体视野的目的。因此，视觉文化时代背景下"图像识读"能力培养的教学策略是主客观建构和多元化的策略。

　　美术五大核心素养中把图像识读放在首位，是指对美术作品、图形、影像及其他视觉符号的观看、识别和解读。我们都知道，小学美术教学不仅仅是一种技能技术的训练，而更多地需要培养学生美术兴趣、观察方法、思维能力、审美水平等，使学生能以联系、比较的方法进行整体观看，感受图像的造型、色彩、材质、肌理和空间等形式特征；能以阅读、搜索、思考和讨论等方式识别与解读图像的内涵和意义；能从维度、材料、技法、风格及发展脉络等方面识别图像的类别，了解图像在学习、生活和工作中的作用与价值，辨析和解读现实生活中的视觉文化现象和信息。在课堂上，美术教师需要大量的图像识读，需要从不同角度引导学生更深层次地理解图像，让学生对"图像"真正有"读"的行为发生，"读"出美术语言、"读"出美术文化，而不是盲目、浅表地识读。

翻开美术教材，我们常常感慨，现行的美术教材内容丰富，基本按照四大领域（造型·表现、设计·应用、欣赏·评述、综合·探索）安排内容，综合体现了美术教学的技能技法、人文色彩、文化传承、学科整合等，同时将由信息技术引发的新的艺术形式也融入美术，如舞台设计、装帧艺术、新家园等，让美术不再局限于美术欣赏和手绘等传统教育。随着社会的进步，人们对美的追求越来越高，识读能力的提升也就越来越迫切。小学生对美术作品或视觉现象更多是直观感觉、直觉思维，由于自身学习水平和知识积淀受限，图像识读处于初级阶段，需要采取恰当的举措引导小学生增强想象、推理能力，能适宜地解读各类图像，同时发挥想象对图像进行较为深入的审美判断。美术教师要蹲下身来，以一个学生的视角与他们一起直面图像、细致分析、深度解读，让小学生在自我认知和自我建构中提升图像识读能力。在美术学科核心素养理念的指引下，图像识读能力在小学美术教学中如何培养？如何从图像识读开始引领小学生美术能力建构？

从平常教学来看，小学美术教师对"图像识读"的关注度不高，往往会采取浅表性的"看"，致使小学生对作品的解读始终处于肤浅层面。在浙美版小学二年级下册美术第3课《田园风光》课上，某教师为了激起学生的视觉感受，展示了大量的田园风光图片，供学生们观看、欣赏，基于对色彩、物象的直观感受，学生发出了"哇、哇"的赞叹。但当教师提出"这些图片美在哪里"的问题时，却没有一个学生应答。在教师再三的追问下，有两个学生说出了"真美""太美"的话。教师一时无策，便直接进入学生创作环节，让学生作画。随着美术核心素养的提出，而且把"图像识读"放在首位，其重要性不言而喻。但对于小学美术教师来说，大多数是兼职教师，专业知识和专业识读能力不足，引导学生加强图像识读能力，进一步强化视觉体验、深入理解作品内涵等方面的策略比较缺乏，尤其是对引导学生图像识读的实践指导不利。通过对《田园风光》开展课堂观察，对美术教师在教学中引导学生图像识读的情况进行分析，提出纵向深度识读策略。

一、基于视觉感知进行图像认知

图像识读应该是美术教师教给学生的一种最基本的美术素养。课堂上学生发出"哇、哇"的感叹时，其实就是一种视觉感受，是单层学习，使学生对田园风光的色彩、空间有了初步的感受。回顾现实的美术教学，展示美术挂图、PPT等，美术课总少不了图像感受环节。不管是专业的还是非专业的美术教师，都会收集大量的图像作品呈现给学生，旨在帮助学生增强视觉感知能力，即初级的图像识读。

在图像识读的过程中，仅需教师展示图像一带而过，无须教师参与吗？任何一种教学行为的发生，都需要引发学生心理、认知和动作的根本性改变，需要引导学生学会思维、学会感受。在《田园风光》一课的教学中，针对二年级小学生的认知特点，要在观察中体验田园之美，体验人与自然的和谐。这个过程一定要有教师的互动参与，为何学生看完图片后却没有太多印象？教材中要求：你到过田园吗？你眼中的田园景色是怎样的？该校位于农村，也正好是阳春三月，无限田园风光美如画，需要教师唤醒。

教学时，美术教师可选择一定的角度对学生进行引导。第一从时间上发问，如"现在是什么时节？山村田野都有哪些变化"，激起学生对时节的关注，山村的油菜花开、漫山遍野的小草抽新芽等，各种色彩组合的田园展示了大自然灵动的韵律。第二从空间上引导，如"当一块块形状各异的田地由近及远的排列时，给你留下怎样的感觉"，让学生从空间上感受图像的远近变化及形状的有趣组合，初步感知近大远小的视觉原理。第三从视角方法上发现，如"这些风光都采用了哪些视角进行拍摄？俯视、仰视、平视等视角会产生怎样的效果呢"，让学生在观察的过程中有意识地发现图像拍摄的视角，从而感受俯视的视域宽广、表现形象较小，但能产生很好的空间感；仰视有气势，可以体现被摄物体的高大；平视给人一种真实、平等的感觉，被摄物体不易变形等，还可以渗透一些焦点拍摄的方法，凸显被摄物体的主体性、主要性。第四从色彩搭配上交流，如"大自然是一位神奇的画家，每张图像都呈现出田园独特的魅力。请说说某张图像带给你怎样的感觉，主要由哪些颜色组成"，让学生在观察图像的时候，认识色彩，感受色彩的不同以及带给人的心理感受，如红色给人热情、热闹的心理感受，绿色给人清新、柔和的心理感受，蓝色给人深远、冷静的心理感受，等等，切实帮助学生提升色感。

美术教学可以帮助学生以图像表达的方式正确地认识世界，在美术教学过程中，美术教师要始终贯穿多元的认知思想，切实帮助学生建构观察方法，提升视觉表达能力。当然，在教学中，每堂课应该有所侧重，教师要有意识地引导学生，经过长时间的积淀和有意识的训练，学生的美术基本素养、发现能力便会水到渠成，逐渐提升。

二、基于视觉理解进行图像分解

图像分解需要学生具备扎实的美术技能和欣赏能力，按照一定的顺序、层次进行理解性分解，不是毫无意义的割裂，更不是简单的分离。例如，《田园风光》一课需要学生运用点、线、面概括的绘画手法表现景物，并学习简单的构图方法。这是在技能技法上对学生能力目标的要求。美术教师如何帮助学生把具体的田园风光转换为美术表达？正如写生，要把眼中之物表达出来。在以下几个方面提出教学建议。

1. 引导整体观察，块面构图

选定一张图像让学生观察，"这幅图像由哪些形状构成？请同学们用线条勾勒出来"。可让学生先在具体图像上勾画，在图像中找到特征最明显的物象，如田埂、山峰、树木等，沿某一特征物象用线勾画，画出画面的整体布局，即初步构图。在信息技术日益普及的今天，也可以用图像处理软件对图像进行处理，最简便的方法是用手机中的图像编辑功能，运用绘画功能把原图像进行转换，呈现出黑白线描的视觉效果，让学生感受彩色世界里的黑白效果，为学生抓住整体构图作铺垫。

2. 分层逐步观察，感受空间

在实际的视觉上，为什么同样大小的东西因为放置的距离不同，让我们感觉不同呢，为什么会近大远小呢？我们都知道，眼睛相当于一个凸透镜，视网膜相当于像面，视角的大小决定了视网膜上物体的像的大小，同样大小的东西，距离眼睛远的那个，其视角比近处那个的视角小，就会产生近大远小的现象。在具体的美术表达中，只有遵循这个视觉规律，所表现的画面才符合视觉常态。低年级学生在画画的过程中常常把物象画倒，就是因为如此。美术教师可以进行不同大小的尝试，感知视觉效果，让学生从中明白绘画时必须遵循近大远小的原理。

3. 细微局部观察，选择主题

画画离不开具体的物象，精彩、感人的画面往往是瞬间、局部、眼神等的再现，那如何表现美，如何表现自己独特的发现呢？美术教师应引导学生进行细微局部观察，从表现的需要，有意引导学生发现原始图像中最具美感的地方，然后对突出某个主观表达的对象进行观察。例如，以"希望的田野""农忙""油菜花开""播种希望"等为题，帮助学生选择表现素材，从中找到最能体现主题的细微精彩之处，并进行表达。

4. 整体分析取舍，精彩表达

在绘画过程中，离不开大小、浓淡、开合、疏密、聚散等组合，"疏可走马，密不透风"也是一种视觉需要。因此，在具体的视觉判断中，美术教师要引导学生根据实际图像进行取舍，不是眼睛所到之处都要表现，而是要围绕主题进行分析取舍。例如，在表现稻田里的秧苗时，也要进行大小、疏密变化，这样才能产生透视美感。总之，本阶层的图像识读，要围绕教学主题，以美术专业的视角，分析取舍图像信息，从而进行更好的精彩表达。

三、基于视觉创造进行图像关联

在《田园风光》一课中，编者特意选择了《湘西水田》《红房子》《播种者》三幅作品，同时选择了三张类似的实景图片供学生赏析。要求学生说一说："很多画家都喜欢表现田园美景，在他们的笔下，你觉得画面的构图节奏和色彩特点是什么？"对于二年级的学生，要说出画面的构图节奏和色彩特点，其难度是非常大的。但编者为什么要提出这样的要求呢？其实就是在培养学生的图像识读能力，培养学生从具象到艺术作品的判断关联能力。如何解决这个问题，建议如下。

1. 从画种上区别

三幅作品分别标注了画种，学生能直接从文本中获取信息。只是需要教师引导学生，如"在平常生活中，所看到的中国画和油画分别有什么特点，看过哪些中国画、油画等，能不能一下子区分各类艺术作品"，给学生建立画种概念。针对不同的画种，让学生掌握其基本特征和表现效果，如油画更加崇尚自然，表现真实图像；中国画讲究留白，给予观者更多的视觉想象，同时注重把书法融入其中，关注笔墨效果等。

2. 从用笔用色上对比

《湘西水田》以墨为主，点线勾勒，只取其意，虚实相间，是典型的中国水墨画。《红房子》和《播种者》则色彩丰富，描绘细致，给人真实的感觉，是油画中常见的表现手法。让学生观察两个画种用色、用笔、绘画方法的区别，从而加深对两个画种的理解。

3. 从文化差异上了解

中国画自然源自中国，与中国文化一脉相承，"我手绘我心"，崇尚意境，注重天人合一，从绘画者内心世界出发，更多地表达主观心性，用笔简练，强调留白，常用隐喻、象征等手法精心构思，抒发绘画者对世界、生活的独特思考和发现。油画源自西方国家，崇尚自然，注重视觉关系，要求调子统一，多从写生中创作，绘画者可以画出丰富、逼真的色彩，使作品具有较强立体感和时空感。这样的文化差异学生可能了解得不多，需要教师在美术教学的过程中慢慢渗透，从作品识读走向文化理解。

4. 从表达需要上认同

在进行美术创作的过程中，绘画者常常会根据表达的需要，选择不同的表达手法。例如，《湘西水田》表现的是湘西水田大小错落、变化无穷、绵延至远的感觉，其田埂形成的线和景致形成的点交织在一起，线条蜿蜒变化，点与线之间互动响应，情趣律动自然，重重的墨点点缀其中，形成大小、疏密、浓淡等张弛有度的对比关系，以大量的留白给人以遐想，表达优美的田园风光。其灵动的线条、强烈的黑白对比，如音乐般再现了田园的生机和活力，是一种取势的需要，给人强烈的空间感，让人如凌空俯视，同时发挥了中国画点线表达的独特魅力。而《红房子》和《播种者》给人以真实的感觉，离绘画者很近，离观者很近，几乎表现具体的实景，其色彩、空间、调子等极富美感，是一种取质的需要。从作品名称中，也可直观感受到

绘画者的表达倾向和表现主题，把田园情趣和优美造型表现得淋漓尽致。"田园中平凡的农舍、田地、树木等，在画家眼里都是很好的画画题材。"如何根据表达需要选择题材和表现方法，这更是一个长期成长、积淀的过程，需美术教育的陪伴和引领。

2001年6月，教育部印发的《基础教育课程改革纲要（试行）》中明确指出："要让学生学习方式产生实质性的变化，提倡自主、合作探究的学习方式。"站在学生审美心理的角度，图像识读就是学生凭借自己特有的图像经验，根据自己的审美认识，对图像进行自我性审美理解与认知辨析，从而对图像进行再造建构新的认知经验，提升审美内涵和品质。"孩子是脚，教育是鞋。""一个创造鞋子的人，决心让穿鞋的人感到合适，决心让自己的鞋帮助穿鞋更好的走路，造鞋人就必须忘记自己的需要去了解和感受那些穿鞋的人感受和需要，造鞋人一定要精益求精让自己造出的鞋是一双好鞋，造鞋人深知鞋子适合于脚才是好鞋。"

在小学美术教学中，教师常常会展示太多的图像，让学生"走马观花"，认为给得越多，对学生的启发越大，学生的收获也就越多，正所谓"见多识广"。真的是这样吗？要找到刻骨铭心的记忆，不经一番风雨，哪能在记忆深处留下痕迹。拓宽视觉视野有必要选择丰富多彩的图像进行识读，但在培养识读能力和水平上，还要遵循美术学科的基本原理和方法，对图像进行认识和解读。

第四节　多元体验感知识读

一幅作品或视觉图像包含造型、色彩、材质、肌理、构图、语言、主题和风格等众多元素，单对一幅作品进行深度识读，对学生来说有难度，对教学来说也略显枯燥。为了真正彰显识读的多元化、多样性，在对比中完成有针对性的多元识读体验，不仅能增强学生对图像的理性解读，增强图像识读的趣味性和丰富性，还能体会作品或图像的妙趣。

"量变如何走向质变？"在平常教学中，常常发现美术教师展示大量的图像，让学生应接不暇，这就是多元识读吗，这样的识读是否真正有效？我们知道，学生审美心理和审美认知的形成，来源于大量的对图像的识读体验，且当学生对图像的识读达到一定数量后，自然会形成其独特的审美经验。在追求量变的同时如何走向"质变"才是关键。

结合实际教学提出如下几点建议：

一是主题内容归类识读，按照同主题内容收集素材并展开识读分析，可以是各类画种的表达，如围绕主题识读造型表现和文化内涵等。

二是物象同题识读，即对同一物象的不同造型、表现方式等进行识读。

三是按表现语言分类识读，即对同类媒材和表现形式等进行识读。

四是按表现风格进行识读，根据表现的风格搜集各种题材的图像，并进行识读。

五是按文化地域分类识读，即根据一定的文化背景、地域等进行主题性识读。

始终围绕一个中心横向展开，拓宽图像识读视野，丰富学生识读积淀。在横向多元视觉体验时，注重学生多种感知觉的配合和补充，为学生创设一

个综合、完整的视觉体验过程。在具体的横向多元视觉体验中，美术教师可采取"对比法""讲述法""迁移法""留白法""置疑法""解剖法"等，策略众多，只要贴合实际且有效即可。

《全日制义务教育美术课程标准（实验稿）》中明确指出："兴趣是学习美术的基本动力之一。"兴趣是学生学习的源泉和动力，决定着学生学习的主动性和质量。如何更有效地组织教学，提高学生学习的积极性和主动性，需要教师切实抓住学生学习的兴趣点，有效引导和激发。《泼墨山水》是很多教师望而生畏的课程，因为需要教师扎实的国画基础，同时具备巧妙识读的能力。

现以浙美版五年级上册美术第11课《泼墨山水》为例，通过教学实践，探讨多元体验，强化表现识读策略，对提高学生表现能力具有非常大的促进作用。

五年级的小学生正经历着从想象到写实的前期过渡，他们不再满足于单纯的想象、图式，需要凭借某种媒材来记录所见、表达所想。在美术造型、表现领域中，需运用线条、形状、色彩、肌理和空间等造型元素，用描绘和立体造型的方法，选择合适的工具、媒材，记录与表现所见所闻、所感所想，发展美术构思与创作能力，表达思想与情感。作为中国画系列教学，学生在小学阶段，已接触过中国水墨画的表观方法，该课是继五年级上册国画单元中的指墨画后，又一种新的国画表现技法。美术教师需引导和鼓励学生大胆尝试中国画的表现方法，体验笔墨趣味。

如何完成这个创作任务呢？我们都知道，泼墨山水画是直接将调好的墨汁或彩墨泼洒在纸上，然后根据形成的自然外形添加配景，具有墨色淋漓、气韵生动的独特水墨风格。也可以是在了解并掌握水墨画墨色调配的基础上，用笔蘸墨汁大片地洒在宣纸上，画出山体形象，再添加配景，是一种丰富多彩、奇妙新颖的绘画方法。

教材从图例欣赏、步骤图、学生作品等几部分呈现，完整地展示了图像识读、技法获取、欣赏判断、创作表现等过程，从而引导学生形成对泼墨山水画的初步认识，激发学生的创作欲望。教材以现代著名画家张大千的《春山归舟》为切入点，让学生感受泼墨山水画的水墨韵味之美。以清代画家龚贤的《金陵八家山水册》与现代画家孙云生的《泼墨山水》对比，让学生判别泼墨山水画与传统山水画的异同之处。作画步骤图清晰明了，从泼墨、留白、添加配景等环节，生动地展示了泼墨画法。最后展示了学生作品《春到江南》《登高》，以激发学生的创作灵感，从同龄学生的作品上感受作画技法和点缀景物的巧妙，促进学生大胆发挥想象力与创造力。美术教师在教学时要重点引导学生感知泼墨的各种变化，在泼墨的过程中，要有意识地"留白"，从而为添画配景、增添作品意趣打下基础，进而从中体悟泼墨山水画的创作方法，体验泼墨画法的笔墨情趣。通过泼墨作画，引导学生了解泼墨的艺术风格与特点，感受中国画的独特韵味，培养学生的创作能力和审美情趣，增进学生对中国传统绘画艺术的热爱。

基于此，将教学流程设计为五步。

一、对比识读，唤醒生活经验为创作奠基

1. 谈话导入

师：同学们，请先看板书，"泼"字你们都认识，但知道它的意思吗？我们可以用"泼"字组成哪些词语？你是怎样理解"泼"字的？

板书：泼水、泼洒、泼墨、瓢泼大雨……

"泼"字的意思：①用力把液体向外倒或向外洒，使散开；②蛮横不讲理；③有魄力；④有生气；⑤有活力。

置疑：我们今天的美术课，同学们都准备了墨和水，可不可以泼，敢不敢泼呢？

揭示课题《泼墨山水》并板书。

2. 引导

师：相信同学们胆量够大，肯定敢泼，也能泼。但要如何泼呢？能蛮不讲理地"泼"吗？现在请同学们观察三幅作品（课件展示：自然风光如图1-4-1所示、黄公望《富春同居图》局部如图1-4-2所示、张大千《秋雨万山湿》如图1-4-3所示），分别谈谈你对三幅作品的感受。

图1-4-1　自然风光

图1-4-2　黄公望《富春山居图》局部

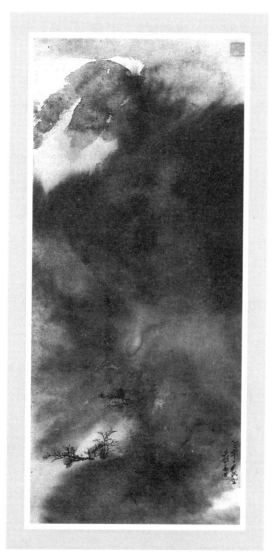

图1-4-3 张大千《秋雨万山湿》（中国画）

相机梳理：自然山水给人真实、细致的感觉，能具体区分作品中的事物和实际位置。传统山水画以勾勒、皴擦、点染等技法表现，以散点透视的视角描绘，给人独特的美感，意境丰富多彩。而泼墨山水画墨色淋漓、气韵生动，于细微处彰显活力和艺术魅力。面对真山真水，每个人的所见所感不

一、表现的方法不一，呈现的艺术效果也不同。

过渡：今天我们重点来体验一下泼墨山水画的画法。

通过对"泼"字的解读，以理解字意并组词，唤起学生的生活经验，让学生直观理解"泼"字，为掌握技法作铺垫。再从三幅作品入手，让学生识读自然山水画、传统山水画和泼墨山水画，感受各种表现方法所呈现的作品给人带来的心理认知是不同的，并着重引导学生欣赏泼墨山水画，为后面的作品表现埋下伏笔。

美术教学拥有丰富的图像资料，如何在一开始就深深吸引学生眼球呢？通过对比识读，提升学生对视觉图像的感受能力。自然山水画真切，能看清具体细节，传统山水画注重笔意，而泼墨山水画浑厚淋漓，给人云雾缭绕的感觉。这样对比后，学生视觉受到冲击，心里的直观感受被激活，有利于学生从生活经验入手对不同的图像进行识读。

二、示范识读，强化视觉体验激发挥毫欲望

1. 讲解

师：同学们，这是几张泼了墨的纸（课件展示：一张黑纸，一张有空白的图，一幅有墨色变化的作品），你们分别看到了什么？

讲解：墨，是中国文房四宝之一，是书写、绘画的黑色颜料，主要原料是煤烟、松烟、胶等，是碳元素以非晶质形态的存在。在用墨作画的过程中，会因为添加水的多少而改变墨的层次。俗话说"墨分五色"，就是指焦、浓、重、淡、清。

2. 示范

师：如何画出墨的层次效果呢？请看老师演示（用笔蘸焦墨，依次加水，观察效果）。此外，我们在作画的时候，还常常用到"破墨"的技法，以达到水墨相融的目的，如浓破淡、淡破浓。

墨是进行美术创作的媒介，需要学生对墨有一个充分的认识和了解，从"墨分五色"上引导学生深入细致地观察墨加水后的不同变化，进而让学生理解，要表现墨的层次效果，必须在水的交融下才能实现，不然画出的水墨画会过于干枯，没有韵味。通过教师的演示、示范，让学生对墨色的变化这

一视觉现象有更深入的了解，为学生了解泼墨的特点、学习泼墨的技法打下基础。

对于抽象的墨色分层，单凭用眼了解，学生未必能知道其中的奥秘，但当教师在宣纸上示范并解读图像后，学生的印象更深，挥毫的欲望被激发。

三、置疑识读，促进深度思考明晰创作思路

1.读图引导

师：请同学们欣赏孙云生画家的作品（图1-4-4），重点观察画家是如何将墨泼洒在纸上的。是满满的泼洒，还是有意识地留出空白？是平铺还是错落有意识地泼洒？在浓淡上有何区别？浓和淡给人的感觉是怎样的？

图1-4-4 孙云生《泼墨山水》（中国画）

相机梳理："留白"是中国艺术作品创作中常用的一种手法，极具中国美学特征，具体指绘画者书画艺术创作的过程中为使整个作品画面、章法更为协调精美而有意留下相应的空白，留有想象的空间。

2. 尝试创作

师：刚才我们对"泼墨"有了一个基本的了解，现在请同学们尝试一下，大胆泼墨，画一幅山水画。

要求：先想想要画一幅怎样的山水画，在哪些地方留白，如何把墨的层次画得更丰富，特别要注意近实远虚的变化。音乐停即结束创作。

如果一味地强调让学生注意山体的表现，而忽略了"空白"的艺术，学生容易出现满泼满洒的情况。以"留白"的方式引导学生，在泼的时候有意识地留白，其目的就是让学生在构图的时候计白当黑，黑白相通相融，这样才能体现黑白艺术妙处，同时给学生渗透中国艺术创作中"留白"的重要性。

四、判断识读，点"景"添趣增强审美能力

1. 观察"留白"

师：同学们画得真来劲，既大胆作画，又注重对留白的处理。请同学们再来观察，在这些大片大片的墨色中，画家是如何处理那些"空白"的呢？

引出"配景"，亦叫"点景"，画家在作画时，往往以小见大，在"空白"的地方画上一些小景，使画面顿时活跃起来，充满生机，更具有意趣。

2. 欣赏作品

从作品中观察，一般的点景都有哪些？这幅作品的点景恰当吗？应该放在哪里，多大合适？（人物、房舍、舟楫、桥梁、楼宇……）

3. 互访共享

刚才同学们都完成了一幅山水画，现在请同学们相互看一看，大家是如何在那些"空白"的地方添画小景的呢？并相互提建议。

4. 添画配景

请同学们根据同学的建议，添画配景。

要求：画配景时，笔上的水要少，尽量避免与画面混在一起。内容少而精，以小求胜。用笔干净、简洁、有力。

（教师巡视指导，用手机拍照，把学生的作品上传到"班班"通上，如图1-4-5所示。）

图1-4-5　王安金执教《泼墨山水》

　　让学生停笔，通过欣赏作品，了解配景的种类和配景一般表现的位置，从作品中感受配景在营造氛围、点缀效果、点明主题等方面的作用，增强学生对泼墨山水画的进一步认知，配景是泼墨山水画中不可缺少的元素。在学生互访时，一是让学生相互启发，相互提建议；二是适当留出时间让作品干燥，便于绘制点景。

　　判断识读，是对视觉图像做出有效的判断，主要包括对形式、内容、布局、章法等进行判断。形式是外在的，是作品呈现的外在表现，而内容是蕴含在外在形式下的更深层次的实质性思想、心理、精神等表现。判断识读，让学生对视觉图像有更加充分的认识和感受，并结合自己的认知水平和已有经验，对图像进行审美判断，如是否美、美在何处、需如何修改等。这是帮助学生提高创作能力不可忽视的技能训练。

五、品味识读，解析图像传承文化精髓

1. 作品展示

　　请同学们欣赏作品（图1-4-6），分别从构图、墨色、点景处理等方面进行评价，并说说对作品的整体感受。

图1-4-6 部分学生泼墨山水画作品

2. 历史钩沉

"泼墨"是中国绘画创作的重要技法，这一用语在绘画理论著作中的最早表述见于唐代张彦远的《历代名画记》，其卷二篇《论画体工用拓写》中写道："有好手画人，自言能画云气，余谓曰：'古人画云，未为臻妙，若能沾湿绡素，点缀轻粉，纵口吹之，谓之吹云。'此得天理，虽曰妙解，不见笔踪，故不谓之画。如山水家有泼墨，亦不谓之画，不堪仿效。"由此可知，唐代即有"泼墨"技法。但张彦远说它"不谓之画，不堪仿效"，认为它不能称之为"画"，是不值得效仿的。可见这种技法在当时并不受到理论家的重视。中国传统泼墨技法的大繁荣时期是20世纪七八十年代，在改革开放的大环境下，泼墨技法作为中国传统绘画风格的象征，与具有抽象和表现性意味的西方现代艺术实现了有效对接，通过张大千和刘海粟两大画家的率先创新与推动，为众多画家效仿、借鉴，盛极一时。

展示学生作品并欣赏评价，让学生在欣赏同学作品的同时，增进对泼墨山水画的了解，也对自己的作品有一个明晰的认识。由学生欣赏作品，顺势引导对泼墨艺术的历史感知，激发学生对泼墨艺术的热爱和传承，感受泼墨艺术的精妙，进一步认识中华文化的博大精深。

图像识读能力是一种多元素、多角度、综合性较强的审美批判能力。只有具备这种能力，才能真正走近艺术大师，读懂艺术作品，感受艺术内涵和人文气息。例如，该课中张大千的作品《春江归舟》，在一望之间仿佛有无尽的春山迎面而来，富有趣味。美术教育是一种大众教育，其宗旨不是把学生都培养成美术家，而是培养每个人生存、生活必备的审美修养和图像识读素养，不至于面对精彩的图像而无动于衷，甚至"读"不出基本内涵。作为美术教育工作者，在美术课上，除了培养学生的动手作画能力外，美术教师更要引导学生通过美术作品看到其背后的文化意蕴和思想内涵，甚至结合历史、社会、种族、文化、地域等因素进行识读，这是"图像识读"提高学生识读能力的重要目的之一，也是保障各区域、各民族间文化理解的基本要求。

第二章

任务驱动　追求理解

引导学生开展任务驱动式学习，与学生共同制定学习任务书，帮助他们经历调查、探究、试验、制作和评价等阶段，以个人或小组合作的方式对媒体素材进行搜集、加工、整理，融入媒体艺术的观念，创造有新意的作品。任务驱动式学习是近年来比较倡导的一种课堂教学方式，强调学生在真实问题情境下以任务为中心进行不断的思考、探究与发现，重点锻炼的是学生的思考能力、探究能力和批判性思维能力。学生需要积极对自己和他人作品的意蕴、美术语言、材料应用、造型方式等进行探究和分析。学习有余力的学生还可以进一步分析媒介在社会文化交流中的应用，提升自己的媒体素养和文化感知能力。

任务驱动教学法是一种建立在建构主义学习理论基础上的教学法，它将以往以传授知识为主的传统教学理念转变为以解决问题、完成任务为主的多维互动式教学理念。任务驱动型图像识读正是基于此理念，在美术教学中开展任务驱动教学法，给学生提供图像识读的目标任务、基本策略、完成时限、达成效果等，让学生聚焦问题，分解任务，主动介入，积极学习，感知美术史的博大精深，感受美术作品的精彩与巧妙，对话美术家的善思与独到。美术不仅仅是单纯意义上的技能技法的学习，而需融入历史、文化、情感、心理等元素，使美术学习成为一个身心健美、人性审美、理性思美的过程。

第一节　基本"前提"保障

"任务驱动"是一种有效提高学生学习能力的重要教学方法。德国教育家沃尔夫冈·克拉夫基认为，根据好的、特别清楚的、典型的事例进行教学与学习，能使学生借助特殊事例（任务）来掌握一般规律，并借助一般规律进行独立的学习。

任务驱动型图像识读以学生为中心，强调学生的主动建构与发展。在实施任务驱动型教学时，教师要解放思想、转变观念，真正从传统的"教"向具有现实意义的"导"转变，善于为学生精心设计任务及驱动策略，层层分解任务，真正发挥组织者、引导者的作用，为学生架构资源网络和任务推进程序，让学习循序渐进，注重过程。

这就需要教师改变传统的教学思维和单课思维，转换角色定位，真正把课堂还给学生，让学生成为学习的主人，教师则充分发挥主导作用，强化教学设计，为学生创设问题情境，循序渐进地引导学生层层深入学习、思考、体验和表达。教师需具备五个"前提"意识：

（1）期待意识：期待课堂，期待学生，期待交流，期待成长。

（2）任务意识：课堂任务，学科任务，教师任务，学生任务。

（3）过程意识：时间规划，路径设想，策略探索，体验感受。

（4）情境意识：问题情境，生活情境，知识情境，学科情境。

（5）反馈意识：当堂检测，作业反馈，单元巩固，学期检测（任务效能检测）。

在具体实施过程中，除了意识，教师要有"前提"作保障，要善于创设任务情境，激发探索动机，采取各种有效策略，确保任务驱动有实效。

一、关注学习需求，激发学习动机

动机是学习的先导。以六年级学生为例，六年级是学生进入初中阶段的过渡期，学习内容、学习方式都将发生变化。在美术教材体系的编排上，小学以单课为主，初中以单元课和单课相结合为主，而浙美版美术六年级上册第1课《徐悲鸿与奔马》这一课程，介于单元课与单课之间，内容丰富，涉及面广，既有欣赏评述，又有造型表现的内容，如果采取单课教学，势必会走马观花，学生得不到深入的学习和体验。基于这样的学习需求，以课题研究为抓手开展主题学习。"兴趣是最好的老师。"兴趣是教学成功的最大动力，是引导学生持续探索新领域的内在动力。在进行教学时，需要教师注重学情和学生发展需求，通过各种方式提前给学生介绍学习方法，明白"任务单"的功能和价值，激发学生的学习动机，为开启任务导学作铺垫。

二、巧设学习任务，明确驱动导航

学习任务是课堂教学的根本保障，合理、适宜的学习任务是激发学生有效学习的基础。课堂没任务，导致教学无方向；任务不适宜，导致"吃不下或吃不饱"。任何一节课，教师都要认真设计具体的教学任务，明确学什么、怎么学、达成目标。任务越具体，可操作，越有现实意义，符合学情需求，符合学生认知规律和最近发展区原则，有助于更好地激发学生的学习兴趣。学习任务的重点是以问题为纽带，前后连贯性设计，注重课间结构的牵连，让学生在学习的过程中，形成相对系统化的学习与思考能力。驱动任务可从五个角度进行设计，分别是介绍、阐释、剖析、领会、运用，由浅入深，层层递进。对于问题的设计，既要让学生一目了然，又要促进学生真正思考，就需要教师对每节课的子目标进行明确，在一个主题引领下，每节课主题鲜明、任务清楚，达到学生"一课一得"的学习目的。营造合作探究的学习情境，逆向探索和体验"像美术家一样创作"的过程，引导学生读懂、读透作品，从中获得审美认知和德育素养。

三、营造课堂氛围，突出学生主体

氛围是可以直接感受、体验的，良好的氛围能温润心灵、滋长智慧，有的教师幽默风趣，课堂氛围和谐，深受学生欢迎；有的教师平易近人，让学生有归属感，感觉踏实；有的教师博学多才，深入浅出，妙趣横生，令学生敬畏、敬佩；等等，这是萦绕在课堂中奇妙的文化因子。美国学者里德利在《自主课堂：积极的课堂环境的作用》一书中提倡创建积极的课堂环境，提出的很多要求都与课堂氛围有关，如情绪安全感、自信心和归属感，都要求我们关注学生的心理需求。具体说来，他要求建立"温暖的，学生彼此熟悉、相互接纳的学习场所"，要求"不要让学生感到为难，也不要诱哄着学生去学习"。"无论学生的学习态度和学习成绩如何，让学生看到你在关心他们每一个人"，要求"在教室里创造家庭般的环境和规则"，即采用"民主的运作方式"，主张"每个成员都是有价值的一员，都享有地位、尊重、基本权力、权利和义务"，等等①。这就要求我们真正以生为本，站在学生的立场，从学习的视角出发营造课堂氛围。

学生是学习的主人。如何突出学生主体地位、构建生本课堂，需教师解开心结，放下"唯师""唯教材"的传统观念，让学生充分参与到课堂中，形成开放、平等的课堂氛围。把学生学习的潜力挖掘出来，让学生经历思考、发现、表达、展示，树立学习自信，自然会让课堂不断涌现新的内容，让原本的内容不断拓展，不断更新，既有利于教师对课程的再认识，又有利于学生的深度学习、系统学习。在核心素养时代，着力于对人的综合素养的培养，更加明确地指向发现问题和解决问题、收集信息和处理信息、知识积累与情境运用、及时应对与创新思维等社会能力，为培养优秀的社会公民奠定基础。在信息技术飞速发展的21世纪，教师已不再是知识的化身，更不是知识的权威掌控者，要建构民主、平等的师生关系，营造和谐、活跃的课堂

---

① 里德利，沃尔瑟.自主课堂——积极的课堂环境的作用［M］.沈湘秦，译.北京：中国轻工业出版社，2001：30，44，58，60，61.

第二章　任务驱动　追求理解

氛围，尊重差异，力求每个学生在原有起点上的进步和改变，让每个学生都成长为最好的自己。

四、注重合作学习，强化教师引导

主题性、项目化的学习，是建立在众多知识、技能之上的一种综合性学习，不是知识点或技能的罗列和识记，而是围绕某个知识或领域进行不断建构的过程，系统化、结构性相对较强。在这样的学习背景下，合作就是必然。单凭个人的力量是非常局限的，只有师生、生生形成合作关系，做到在合作中探讨，资源共享、问题共讨、发现共乐，不断涌现精彩的思维和多元的问题思考。教师在此过程中，扮演着引导者、组织者、激励者等角色，要不断把学生引向深处。当学生在探究过程中受阻或出现不良状况时，要充分发挥教师的引导、指导作用。例如，在《徐悲鸿与奔马》一课中，在对雕塑《铜奔马》、郎世宁《八骏图》两幅作品与《徐悲鸿与奔马》进行对比分析时，学生很难深入地理解。毕竟涉及不同的画种、历史背景、文化领域，如何进行有效对比，教师需引导学生找到一个相对集中的"点"进行剖析。虽然同为表现"奔马"题材的作品，但因作品的历史背景和创作前提不同，表达的效果自然也不同。这需要学生在合作学习过程中进行探讨和深度学习，这时教师就要引导学生从查找资料、问题聚焦、识读办法、文化理解等方面进行，让学生走进一个更加广阔的学习世界。合作学习是未来学习的一种基本方式，学生在合作中进行思维碰撞、情感交流、人际交往等，从而学会学习、学会处事。

五、关注学习参与，沉浸融入增效

任务驱动的实质是促进学生有效参与，使学生真正沉浸到具体的问题中思考，从而获得新的认知。在美术教学中，教师要切实关心学生的参与度，与同学的交流对话、与教材媒介的探讨思考、与自我的质疑与反思等，积极关注学生的学习状态、学习质量。在集体授课模式下，教师往往注重整体学情，大部分学生参与或反映良好即可，忽略了个别学生尤其是成绩较差的学生。在一节课上，教师确实无法面面俱到，人人关照到位，但在任务驱动教学模式下，真正的学习都是落实在学生个体行为上的。由此在教学过程中，强化学生的学习参与，并有意识地引导学生融入问题思考，从而凸显学习实效。学习参与包括学生参与的广度、问题思考的深度以及主动融入学习程度等，既是教师教学实效的重要参考，更是检测学生学习效果的关键因素。只有引导学生真正沉浸到问题情境中，以主人公的身份去面对问题、解决问题，学习才能真正发生。如果学生不参与，教师的所有付出都是白费。当然，学生的参与和教师提供内容的难易度、适切度，问题设计的启发性、趣味性，教师引导的循序性、激励性等有关，这是一个综合性的设计链，教师需综合设计、有的放矢。

六、增强成果意识，精彩交流展示

在任务导学的驱动下，教师需明确每节课的具体任务和目标，有目标才有方向，有任务才有动力。每完成一个任务，学生就会形成一些新的认识，有所收获。如何将这些收获汇聚起来，形成某个主题的学习成果，是值得教师关注的问题。主题学习的最终目的是形成主题成果，一方面是对自己学习的肯定，另一方面便于和更多的人交流、分享。如何展示主题成果？教师要积极搭建交流展示平台，促进资源共享，促进人际交往，促进思维交流，既有利于学习和解决问题，更有利于激发学生主题学习的兴趣，增强学习的获得感。任务驱动型图像识读注重个性化的引导和关注，对于培养学生独特的审美素养、形成鲜明的审美判断具有一定的价值。学生之间都存在一定的差异，特别是在美术学习的过程中，因性别特征、性格特点等，每个学生对于色彩、空间、结构的认知和接纳是有差异的，所以，开展任务驱动型图像识读关键是帮助学生更好地认识自己、发现自己、提升自己，激发学生的学习潜能和创造性思维，使学生在完成学习任务的同时获得成就感，提高学习的积极性、主动性。

第二节　追求"任务"导向

创造辉煌一定要有目标导向。美国耶鲁大学曾做过一个调查：向100个应届毕业生提出同一个问题，问他们对未来有没有一个明确的目标。有85个学生认为，现在的任务是学习，别的什么都不想，只有15个学生目标很明确，知道毕业以后到哪里去工作、做什么、大约能赚多少钱，而且计划今后怎样一步一步地成长。在15个有目标的学生中，有3个人还把目标写在纸上。20年后，调查人员再以跟踪调查，惊奇地发现，被调查的100人中，有明确目标的15个学生的收入超过其余85个学生，而在这15个学生中，把目标写在纸上的3个人的收入又超过了其余12个学生的收入总和。

"目标"是什么？对于人生来说，目标可以是理想、人生规划、未来预见等。但课堂需要"目标"吗？很多教师在进行课前备课的时候，都会写到教学目标，但是否真正落实"一课一标、一课一得"呢，我时常问自己。没有"目标"的课堂，就像没有目的地的旅行，走哪条路、速度的快慢、跟谁在一起等都无所谓，只是打发时间、浪费生命而已。所以，课堂目标的精准设计，是提升课堂效率的关键。这里的"目标"其实也是"完成任务"，是课堂的使命和职责。

一、"任务"导向的意义

"凡事预则立，不预则废。"做任何事情，都要预先规划，确定目标，这是一切行动的指南。如果没有目标，则会出现迷失方向、路线混乱、策略不当、无效劳动、甚至情绪悲观等状况，最终导致劳而无功。坚持课堂任务导向，具有以下五个层面的现实意义。

1. 明确方向

让课堂设计更有针对性，是知识与技能、理解与运用、情感与德育等的目标，也是识记、温习、积累、实践、强化等的目标，有了精准的教学目标，设计什么课型、选择什么教学方法、借助什么教学媒材便有了根基。

2. 聚焦行为

有利于教学行为更加聚焦，不管是教师的教还是学生的学，都始终围绕着目标行进，让教师的输出与学生的输入有了共同的管道，课堂效率的达成度会大大提升。

3. 循序渐进

有助于教师循序引导，目标设定后，教师自然会进行学习任务分层，根据学情引导学生从基础走向深入，有助于突出重点、突破难点，教师明确达成目标的思维阻碍或转折，明确达成目标的关键环节，如哪里"上坡"、哪里"搭桥"、哪里"加油"等，形成有序的引导路线。

4. 精准坐标

帮助学生自我认知，找差距、找坐标定位。学习终究是学生自己的事，课堂目标的设计，有利于学生判断自己的学习状况，反思学习短板，从而帮助学生强化自我建构，查缺补漏，找到学习的突破口，培养学生自主学习能力。

5. 及时检测

有利于当堂效果检测，有了明确的目标，对于目标达成度，教师可用不同层次的检测题目对学生进行检测，切实了解学生的学习状况，这既有利于教师的精准教学设计，又有利于教、学、评一致性的研判。

二、设计任务基本特征

理想的任务设计是由一个个子任务组合而成的，力求任务设计精准、形式丰富、有挑战性和竞争性、充满趣味性和探究性，有序引导学生沿着任务路线学习。需具备以下几个特征。

1. 趣味性

关注学生对图像的兴趣点，找到契合点，创设与学习主题相关的、尽可

能真实的学习情境，引导学生带着真实的"任务"进入学习情境，激发学生的学习兴趣，提高识读积极性。

2. 具体性

教学目标的设计，首先要具体可见、详细可操作，像"切实培养学生的审美素养""培养学生的创新精神"这样模糊的、无法聚焦的目标，建议在课堂教学中少用，这会增加教学的压力，也会导致学生无所适从，教师的引导也无法精准实现。设置不同层次的任务型具体问题，让学生带着问题学习相关材料，在搜索、解读、处理材料的过程中完成图像识读任务。

3. 合理性

学情是设计教学目标的根本，合理的教学目标是高效课堂的基础。教学目标是否合理？是基于学情而定的。没有精细的学情了解和摸底，盲目设计教学目标，只会导致课堂教学浅尝辄止、蜻蜓点水，或苦涩难熬、毫无兴趣，过高或过低的目标任务都不适宜。例如，一年级的小学生，让其剖析《徐悲鸿与奔马》作品的精神内涵，岂不是天方夜谭。

4. 现实性

课堂受到一定的时间、空间限制，教学目标设计的现实性是基于课堂特定的时空而定的。室内课与室外课、欣赏课与造型表现课等是有区别的，针对不同的课型，要提前精心谋划，结合具体的教学情境、内容、方式等进行目标设计，使之具有现实性价值。

5. 探究性

培养学生的自主探究意识和能力，杜绝教师直接讲解或告知，而是给学生提供更多的解决问题的办法、素材等，给予学生学习动力的激发、潜力的挖掘、思维的提升等，让学生带着学习任务强化自我学习，同时开阔学习视野、创设合作交流环节，让学生在充分交流、探究后获得新的认知。

6. 可测性

教、学、评是一个闭环，教学目标设定，通过"教师的教、学生的学"这个互动过程，其效果如何？教学目标达成如何？任务是否实现？必须借助"测评"这个环节。所以，目标的设计需具可测性，能通过一定的途径，造型表现、基本判断、创意思考等，反馈教学的实际效果。教师如何精准评估任务达成度，形式、方法有很多，如可检测、可交流、可汇报、可问卷等，努力达到以评促教、以评导学的目的。

三、任务设计基本要求

1. 教学问题助力教学设计

在实际教学研究的过程中，常常以名师课堂为例研读课堂，深思以下三个问题来帮助我开展教学设计，提高教学实效。

（1）名师课堂与我的课堂有什么不同？

我常常以名师课堂为例进行深入研究，找出名师课堂与我的课堂之间的差距。通过对比，名师课堂除了名师的个人教学魅力外，其课堂设计就好像一部精彩的电影，层层设伏，循序启思，目标精准，引导有方，不断激发学生学习兴趣和探索欲望，给学生创造一个好学、乐学的体验场，感受学习的乐趣，让学生感知成长的激情。

（2）为什么名师课堂深受学生欢迎？

名师课堂之所以深受学生欢迎，一是契合学生的认知水平，恰当地设疑、问难，让学生"跳一跳"就能摘到桃子，不断体会到学习的喜悦和成功；二是跌宕起伏的教学策略和引人入胜的巧妙引导，在不断关注学生成长的基础上，一点一滴地提高要求，提升学习的深度和广度，让学生乐在其中；三是精彩纷呈的教学目标，把教学目标贯穿整个课堂，教师始终围绕教学任务，引导学生层层深入，让学生感受知识的深邃与广博；四是教师扎实的学识和机智的应变智慧，面对学生提出的种种问题，总能游刃有余的自然应对，并且巧妙至极，让学生心生敬佩，增添课堂吸引力。如此种种原因，让名师课堂精彩纷呈，但归于一点，就是精彩的设计和精准的定位。

（3）我究竟要追求什么样的课堂效益？

以任务驱动型图像识读进行教学尝试，其目的是提高美术教学的趣味性、实效性，让学生真正对美术作品等图像有深入的识读、理解，从而内化为审美素养、外化为表现能力。至于课堂，自然追求像名师课堂那样的教学效益。

2. 任务设计要求

基于对以上问题的思考，我对任务设计提出六点要求：

（1）精心了解学生。

教学是一场生命的对话。独白不是教学，错位交流也不是教学。美术教师要提高任务的达成度，让学生恰当地接受并乐于融入学习，全面了解学生，掌握学情是关键。在进行任务设计前，美术教师要先对学生的年龄特征、认知水平、情趣爱好甚至班级文化等因素进行全面的了解。知己知彼，方能百战百胜，教学亦如此。教师在课前下足功夫，深入了解学生，真正掌握学生内心深处的"需求"，在设计任务时便胸有成竹。只有充分研究学生，把握好学情，进行精准的行为研判、探究后的教学设计，才能真正地运用到实际课堂教学中并产生实效。

（2）精深钻研教材。

如果说对学情的研究是任务设计的基础，钻研教材则是任务设计的保障。只有教师对教材的"深入"，才有课堂教学的"浅出"。对照《全日制义务教育美术课程标准（实验稿）》，思考教什么、教到什么程度、怎么教等问题，从而认真研读教材，精准把握目标，是教师的基本功。教师对教学内容烂熟于胸，课堂上左右逢源，教学引导水到渠成、润物无声，学生"亲其师，信其道"，对于唤醒学生学习内驱力、主动性起重要作用。当然，美术教师认真钻研教材后，对内容的合理选择更是重中之重，知道教什么比怎么教更重要。精准的内容设计契合学生身心发展和认知水平的特征，接近学生发展最近区，贴近学习实际，适应学生已有的知识储备和学习能力，既不让学生畏难，又不让学生轻易掌握。这个度其实是很难把握的，这也是美术教师在研读教材时，需研究学情、精选内容、优化学习方式的原因。

（3）精致设计任务。

学习应是情境、文化和学习活动的共同作用，需要社会交互与合作，脱离个体生活的真实环境来谈学习毫无意义，个体与环境的相互作用是形成能力以及社会化的必经之路。知识具有情境性、建构性、复杂性、默会性和工具性等特征。在进行任务设计时，教师要注重情境化，把知识融入情境运用，把技能贯穿情境展示，使任务真实自然，促进学生欣然接纳，保障学习任务不空泛、单调。情境化的任务设计有多种途径，如真实情景模拟、现实任务布置、思维导图归纳等，从知识积累、技能学习、设计意识、作品剖析、名家经典、社会任务等方面进行设计，让学生把美术学习与现实生活有机结合起来，促进学生把审美用于现实情境，促进学生审美能力的形成和提高。

（4）精彩探讨实践。

开展任务驱动型教学，其核心目的就是促进学生从课堂走向课外、从校园走向校外、从书本走向实践、从知识积累走向社会运用等。任务设计既包括课内学习任务，也包括课外拓展任务。注重通过学生主动实践，探索知识的宽度、思考知识的深度，把握其精髓，提高任务完成的质量。在传统课堂重"讲、听"的单一知识传输模式下，课堂效率较低，学生厌学情绪较重。任务驱动型教学就是在明确学习任务后，倡导学习途径、方式的多样化，让学生大胆地思辨、实践、交流、质疑，提高学习的主动性、积极性。提供丰富的学习场景、交流方式，鼓励学生结合自己的独特认知、学习基础和学习目标，大胆施展个性化学习，丰富学习形态，真正实现个性化学习。

（5）精准安排时间。

课堂40分钟，如何精准安排学习时间？在美术课堂教学中，常常出现"虎头蛇尾"的现象，教师过多地讲解和灌输，占据大量课堂时间，留给学生用来创作、展示、交流的时间却很少，往往草草收场。主题化教学分哪几个学时来完成主题学习，其课内时间与课外积累学习如何有效融合？这需要教师在进行任务设计时，给学生精确安排时间表。有了时间规划，每个时间段有具体的任务要求，有利于提高学习的效率，而不至于课堂前松后紧，无法完成教学任务。建议在组织过程中，针对不同年级学生的基本特点，设计相对周密、精准的任务完成时间规划，确保整个活动的秩序。但在具体实施过程中，又要给学生留出自由调配的时间和空间，使整体与个体既相互统一又相互区别，即弹性设计时间。同时，在具体的教学活动中，时间安排也并非铁定，而应根据学情进行灵活的调控，其本质是在有限的时间里追求学生成长效益的最大化。

（6）精炼架构概念。

教师在进行任务设计时要注重整体架构，使之成为一个相对闭环的体系，层层深入，有条理、有层次。有了整体架构，在具体的教学时，会始终围绕大的框架展开，不会迷失方向，切忌支离破碎，没有整体意识。在倡导大概念教学的当下，用大概念支撑起学习框架，建构设计内容体系，有利于教师把握整体，层层深入。

第三节　任务驱动图像识读

图像识读的核心是鼓励学生相信直觉、相信眼睛，敢于表达感受和见解，善于审美评价和文化理解。任务驱动型图像识读是基于解读图像深层次内涵、理解图像意蕴的教学方式，将传统讲解式学习转变为探究式学习，让学生在完成图像分层识读的同时，形成审美认识和审美判断能力。学生在接触经典艺术作品时，最大的恐惧是面对大师作品或复杂图像，认为其深奥莫测、高不可攀，不敢去面对和识读。采用任务驱动型图像识读方法，将图像按一定的任务分层设置，鼓励学生大胆与作品对话、与大师对话，敢于表达自己的直观感受和审美判断，帮助学生揭开神秘的面纱，进而体悟图像的奥妙和价值。

《礼记·学记》载："善问者，如攻坚木，先其易者，后其节目。"任务驱动型图像识读同样遵循从易到难，循序渐进的原则设置五层任务，采取五维驱动策略，最终达到解决问题本质的目的。美术教师要具有专业的知识和技能、扎实的审美能力、广博的视野积淀和丰厚的文化内涵，同时要具有精湛的教学技艺，较强的设计、组织、引导、激励、评价等能力，这样才能在课堂教学中带领学生围绕核心任务，层层突破，大胆探索，实现认知蜕变和思维提升。

一、任务设计

采用任务驱动型图像识读，将任务分层设计，践行设计理念，将问题分层，便于培养学生的思考方法，建构解决问题的基本框架，达到与图像深度对话的目的。基于问题设计任务，倡导学习始于问题，让学生在教师的引导下以自主、合作的方式进行探究，在解决问题中生成新的问题，不断循环往复，从而建构学生的知识、能力体系，不断提升学生的审美素养。在此过程中，美术教师要着力培养学生学习的主动性、合作性，强化知识建构，开阔识读视野，增强能力运用。

1. 经验唤醒问题——介绍型任务

通过直觉思维，凭借学生直观感受，设置经验唤醒型问题，让学生回答看到图像后的直观所见是什么，并根据以往的教学经验，进行主观性的介绍，如徐悲鸿《奔马图》描画了一个怎样的情境？学生可根据图像进行介绍：一匹侧面的水墨奔马正奋蹄向前奔跑，让人感受到积极奋进的心情。介绍型任务要求学生简单明了、客观真实地描述画面即可，是看到图像后最直观的视觉反应，可以要求学生用一些简单的情感词汇表达心里的感受，如积极、阳光、愉快、悲伤、高兴等。

在进行《徐悲鸿与奔马》教学时，美术教师要让学生发现现实生活中有关马的属性和精神，让学生感知现实的马所具有的奔腾不息、勇往直前等品质，联系徐悲鸿极具个性色彩、爱国情感的《奔马图》，通过认真细致地观察分析，与之产生情感共鸣。在此过程中，学生不再是浮光掠影，而聚焦到奔马这个具象上，养成精细、耐心观察的习惯，培养持久的耐力和意志力，让认真"看"成为一种习惯，成为生活中审美的经验。

2. 概念陈述问题——阐释型任务

概念陈述是人们对事物本质的基本认识，是逻辑思维最基本的单元和形式。从实践到理论、从具体到抽象、从现象到本质，形成一个循环链。让学生按照图像或作品的基本属性进行阐释，并对基本构图、色彩、空间、主题等进行识读，能初步认知图像内容，并进行解释性的表述，如徐悲鸿笔下的奔马与现实中的奔马一样吗？学生会对此问题进行简要分析，徐悲鸿笔下的奔马与现实中的奔马肯定不一样，那在哪些方面不一样，学生需要从表现方式、色彩、用笔、墨色、构图、意义等方面进行阐释。这样的任务设计需要学生对问题进行简要的分析处理，可从图像的表现形式、创作方法、时代背景等方面进行对比，从美术语言及图像的作用、画面空间及视觉效果等方面进行阐释，使问题变得明晰。

3. 思维引领问题——剖析型任务

按照一定的专业需要进行专业性剖析，并按照自己的认知水平进行初步的审美判断，能揣摩艺术家想要表达的思想和图像的艺术内涵，达到与他人交流并分享观点的目的。例如，描述徐悲鸿笔下的马奔跑的姿态，说说它们与雕塑《铜奔马》中马的表现形式有什么不同。这个问题需要学生认真思考，甚至查阅资料，了解徐悲鸿对奔马的认识及表达意图，知道雕塑《铜奔马》的创作背景，在分别了解两种不同表现形式的作品的艺术家的表达目的和作品的艺术内涵后，在其中寻找相同点和不同点，形成强烈的对比，这样才能准确地剖析。这就要求学生具备一定的美术素养，对各种艺术表现形式有基本的理解，对作者想表达的情感、作品的思想以及作品的创作背景等有所了解，并能够按一定的思路进行对比分析，形成观点鲜明、判断基本准确的审美思维。这样的任务要求学生认真研读作品，查阅艺术家的简历、创作理念、代表作品以及思想流派等，甚至寻求帮助，合作探讨。

4. 开放探讨问题——领会型任务

积极融入背景、图像主题，进行审美判断和文化理解，更加指向图像的真实内涵和表达意义，切实领会图像的深层含义，领悟作者的创作意图。例如，徐悲鸿曾说："我画马，其实也牵着思想的马。只要出笔，便会情动于衷。"你能体会徐悲鸿通过奔马表达的情感吗？这样的问题较为开放，且层次更深。学生不仅需要对徐悲鸿笔下的奔马进行深入、细致的解读，理解其奔马的表达技巧、内涵价值、思想情感等，还需要对徐悲鸿本人有更精深的了解，其艺术人生、创作思想、表现手法、理想抱负等，均要结合起来理解，这样才能领会这个问题的深义。"牵着思想的马"所表现的奔马图，就是徐悲鸿一生的精神寄托和价值追求，托物言志，以马喻写徐悲鸿的艺术抱负和爱国理想。这样的问题需要学生投入一定的时间，需要学生参阅文献、了解史料甚至请教教师等，形成观念碰撞，逐步建构学生本真的价值认同和图像理解，达到心领神会的目的。

5. 综合探索问题——运用型任务

将习得的美术知识、能力内化到具体的学科问题情境中，经过深度的思考、处理，外化为较强的审美行为和素养，这是美术学习的最终目标。这样的问题类似于美术"综合探索"领域的问题，强调综合性，是集美术、人文、历史、社会等于一体的探究性问题，更加指向学生综合美术素养（包括图像识读、美术表现、审美判断、创意实践、文化理解）的表现。

例如，临摹一幅你喜欢的徐悲鸿奔马作品，并体会画家的创作情感；比较徐悲鸿的奔马作品与其他画家笔下表现马的作品，分析他们在表现形式与方法上的异同，撰写一篇欣赏短文。这两个问题的综合性极强。第一个问题，临摹喜欢的作品，首先得从"喜欢"二字上下功夫，既然喜欢，要有喜欢的理由，要对作品进行深入的研读，且达到情感契合、价值认同的程度才能说喜欢，才能进行临摹。这是一个涉及造型表现的技能技巧性问题，学生要具备较强的造型能力，具备较强的国画表现素养等，这需要学生具备扎实的美术学习和表现能力。第二个问题，比较作品在表现形式与方法上的异同，并撰写一篇欣赏短文。首先要进行对比，要熟悉除徐悲鸿以外的其他画家，不论是画马史上第一高峰唐代的曹霸、陈闳、韩干、韦偃等画马高手，还是宋代李公麟、元代任仁发、明代仇英、清代任伯年等大画家，进行比较探究的时空之大、选择性之宽、专业性之强，极需学生走出书本，采取自主、合作等多种途径进行探索，只有具备清晰的比较材料和分析判断观点，才能撰写欣赏短文。这个过程是一个综合探索的过程，也是一个将知识和能力运用到实际学科情境中解决问题的过程，更是一个审美素养和水平提升的过程。

二、任务驱动策略

1. 驱动策略

为了追寻画家的足迹，采取逆向任务驱动探索，走近画家的创作初心，于是紧紧围绕设计的五层识读任务，从"尽精微、致广大、强关联、教表达、重协同"五个维度进行任务驱动，促进学生不断在"精微、广大、关联、表达、协同"五个方面进行学科思考、主动表达和同伴互助，不断加强对图像的深度理解，达成"强化纵深思考力、拓宽视野学习力、注重运用理解力、增强体验感悟力、激励师生参与力"等学习效果，切实培养学生学科纵深思考、关联建构及信息处理能力，让学生在情境中融会贯通，在任务驱动中思考和理解。

（1）尽精微，要求学生不断追问，深入思考问题，在不断思考中生成新问题，促进认知纵深发展，强化对图像更进一步的识读，层层推进设计的五层任务，强化纵深思考力。

（2）致广大，要求学生走出教材，走出教室，甚至走出校园，在更为广阔的图书馆、美术馆等场景中学习，开阔学习视野，丰富认知体验，充实教材内容，提升视野学习力。

（3）强关联，要求学生在解决问题的过程中，通过比较、分析或聚焦主题，寻找异同点进行知识关联和能力建构，从而形成知识网络和能力体系，丰富学生的审美认知，增强运用理解能力。

（4）教表达，要求学生将所学知识、所获感悟积极表达出来，不管是造型表达、文字表达，还是语言表达，都是积淀输入内化后必经的过程，也是学习的目的。只有表达才能检测学习的效果，才能反馈识读的深度，才能体现审美的水平，才能增强体验感悟力。

（5）重协同，要求学生学习过程中合作与交流，鼓励学生在自主完成任务的基础上，加强与同伴的对话，一是彼此互助，促进交流；二是互换信息，加深理解；三是交流感悟，唤醒思维盲区；四是培养主动参与意识，进而积极互动，培养学习自信，激励师生参与。

五层任务设计与五维驱动策略相互融合，在每个层次的任务中，均可采取五维策略进行驱动，形成解决问题、完成任务的基本方法。学生通过五维策略的驱动，形成较为系统的思维方式和表现行为，达到以任务驱动促进学习提升的目的。教师在五维驱动策略中，始终是一名设计者、引导者、组织者和激励者，逐步增强学生思考的深度、学习的广度、关联的契合度、表达的自信心和参与的积极主动性。

2.驱动策略案例阐释

2021年5月21日至22日，贵州省美术名师工作室共同体"赋能美术·以美育人"主题研讨活动在绥阳县育红小学举行（图2-3-1）。活动以"线条的故事"为主题，聚焦单元化教学设计，分"线条发现之旅""线条创意碰碰车""线描写生大挑战""线条的故事"四个模块进行，采用任务型驱动策

略进行课例研讨，取得了较好的效果。现以贵阳市尚义路小学特级教师潘彬美术教师执教的《线条的故事》为例，具体阐释本课题研究的五维任务驱动策略。

图2-3-1　"赋能美术·以美育人"主题研讨活动

（1）尽精微驱动，强化纵深思考力。

线条是什么？潘彬老师用PPT呈现出这一醒目的问题，说道："今天我会围绕这个问题一直问下去"，然后在黑板上随意地画着直线、折线、曲线、波浪线等，给予学生随机的示范。然后安排六组学生，分别在每组的作业纸上，尽最大的努力，画出各种各样的线条，比一比哪组画出的线条样式最多。同学们小组讨论，开始自由地画起来，而潘彬老师在每组巡视时，有意地数着各组线条的数量，不断激励学生，尽最大可能完成线条种类的列举。语言是课堂教学的有效催化剂和兴奋剂，在进行线条列举的时候，潘彬老师采取任务驱动策略，"想一想生活中的事物……打开书找一找……中国画的线条最多，剪纸也不少，装饰画、风筝、建筑甚至皮影……还有中国书法……"学生努力地搜索，不断从生活、课本中发现线条。然后请每组学生代表上台张贴作业成果并进行汇报，"29种，这组39种，32种，哇，这一组有43种，而且把每种线条都用汉字说明，字写得非常漂亮，这组24种，31种……"精彩的线条呈现出来，一张张布满各种样式线条的作业张贴到黑板上，每个学生都在为自己的发现兴奋着。

潘彬老师让学生欣赏线条作品，感受线条所产生的千变万化的视觉效果。继续问题任务驱动"线条是什么？"随即用课件出示几组线条，如线条组合、球、人物、羽毛、风筝、蝴蝶、天安门、传统纹样、青铜器、剪纸、古陶、汽车等，并问道："线条是非常神奇的，可以产生立体感等，请同学们说说千变万化的线条带给你怎样的视觉感受？"然后给学生分发小纸卡片，让说完的学生把相应的词写下来，然后张贴到黑板上。"规律感、空间感、艺术感、真实感、对称感、古拙感、层次感、光滑感、平衡感……"一阵功夫，各种带着真实思考和感悟的词语贴满了黑板，一个又一个被唤醒的词语展现出来，那是每个学生的心路印迹，可以让观者感受到词语背后鲜活的生命张力。

学生的思维是一座宝库，蕴藏着无穷的资源。潘彬老师由简到难，由视觉到心灵，层层深入，采用问题任务驱动策略不断激励学生总结梳理、大胆探索甚至勇于创新，把心中真实的思考或细微的体悟表达出来。这正是学科教学中所追求的深度学习，为思维而教，提升学生的纵向思考力，引导学生像艺术家一样思考。这样深层次的理解和发现，是走心的育人过程，学生能从中切实领悟线条带给人的视觉效果和心灵感应，达到"教学做合一"的目的。追求对问题的精微思考，引导学生思维向纵深方向发展，任务驱动，挖掘思维的精深度。

（2）致广大驱动，拓宽视野学习力。

"线条是有感情的，画家们发现了线条的奥秘后，纷纷用线条述说着自己的故事。请同学们欣赏这些作品，这些画家都在讲述什么故事呢？"潘彬老师循序渐进，引导学生继续探索线条的奥秘。以画家凡·高的作品《星月夜》为例，引导学生对画面、线条产生的效果进行猜想。凡·高用夸张的手法，生动地描绘了变幻的星空，给人一种躁动不安的情感和旋转流动的幻觉。"线条在流动、一种夸张的表现手法……"学生表述自己的视觉感受。为了强化学生的视觉感知，潘彬老师特意将《星月夜》原作与块面表达进行

53

对比。"凡·高的作品更有充实感。""凡·高用线条给我们讲述了一个忧郁的故事，那同学们看这样的作品，画家米罗又讲述了怎样的故事呢？"紧接着出示米罗、蒙德里安、罗冠中等画家作品。学生极其感慨，线条能产生如此丰富多彩、神奇变幻的视觉效果。画家们也正是运用线条的丰富性、多样性、可变性，绘制了无数精彩绝伦的画作。当学生说着"温馨的线条、平和的线条、快乐的线条"等话语时，那不正是他们对线条的情感认知和视觉认同吗？

教学是一门综合的导航艺术，除了引导学生对学科知识、技能的学习和理解外，更需要培养学生的学习视野。只有把学生引领到一个更加广阔的学习认知领域，他们学习的眼界、顿悟的能力、创新的思维才能充分激发出来。潘彬老师把学生引向一个精彩繁复的线条情境，让学生透过画面猜想画家的故事，聆听线条"说话"，丰富认知、开阔视野。向学习视野而教，把学生引向丰富的文化情境中认知美术，带给学生的不仅是线条，还有线条背后的多彩的故事。那些故事承载着一位位画家的理想表达和思想倾诉，在经历了众多故事的感染和浸润后，学生自然会形成属于自己独特的审美判断和价值理解。

（3）强关联驱动，注重运用理解力。

"请同学们翻到书的最后一页，看一下都有些什么样的笔？如果画一张六一节作品，该用什么办法来表现？""现正值建党百年之际，请同学们画一幅庆祝建党百年的画，如何画？"学生对线条有了深入的理解，对线条建构画面有了广泛的欣赏，对画家作品有了进一步的识读，此时此刻，给学生命题作业，设置各种情境，让学生进行美术表达，其实已是水到渠成的事。学生根据老师的问题，纷纷说出自己的创意思维和预测的效果。由于本节课的重点是引导学生在识读线条后，深入解读线条的视觉感受以及画家们用线条呈现的种种效果，对美术实际表现则放在其次。学生说出想法，其实已完成思维构想的过程。

学习的最终目的是理解运用，将所学的知识、技能运用到具体的情境、问题中，达到应对情境、解决问题的目的。教学需要深度理解，需要强化运用。"同学们，通过学习，你找到了怎样的线条？"诸如此类的问题，就是在培养学生的关联能力，把视觉能力、图像本真、心理感知甚至理解程度综合起来，让学生大胆表达，把知识、技能内化为学习能力、美术素养。关联是注重学生"知其然知其所以然"，直指学生对学科本质的探寻和对学科知识、技能、思想的意义建构。在整个课堂上，潘彬老师始终围绕"线条是什么"这个问题任务，从寻找线条、感受线条、理解线条、表达线条等方面，不断帮助学生抓住线条的视觉、心理、情感、思想等因素进行关联，让学生全方位地认知线条。

（4）教表达驱动，增强体验感悟力。

学习有三个层次：一是听懂了，二是能做题，三是能讲给别人听。思维是隐性的，如何把思维可视化？如何实现知识向能力、素养的转化？"教表达"就是一条捷径。在常态的美术课中，学生更多的时间都在埋头画，而关于审美、判断的表达几乎为零，甚至以为在美术教学中不需要语言表达。美术不像语文、英语那样的语言学科，对表达的要求不高，但一定不是不需要语言表达。

在潘彬老师的课堂上，她无时不在鼓励学生表达，"学习美术没有对错，就是要大胆表达自己真实的想法和理解。""不敢表达是不行的，把自己的理解与别人分享其实会获得更多的理解。""说得真好，这是你独特的感受。""华丽感，说得太棒了。"这样的语言弥漫在整个课堂，让教学真正成了互动表达、对话交流的时空。学生收获的不仅是对问题、知识的理解，还有学习自信、学科思维、审美观点、价值判断、文化认同等。培养学生良好表达的习惯，是一种学习能力的提升，更是一种学科素养的习得。

整堂课，每个学生都在积极思考、主动表达。由刚开始的沉默、不自信，到后来的争相表达，就是非常大的进步。"哪怕说一个字，也是表达，学习就是要积极大胆表达。""你的表达非常准确。"潘彬教师如春风般的语言唤醒着每一个学生，切实打开他们的表达之门，让课堂不断深入。表达，能让思维可视化，能更好地传递学习的理解、疑惑和收获。当学生进行精彩的表达后，能看到学生思维的准确与精深，更能判断学生的品性养成与价值取向。把"教表达"作为美术教师不容忽视的职责，是需要持续渗透和坚持培养的。

55

（5）重协同驱动，激励师生参与力。

"我在等待第二位、第三位同学举手……我在等待第七、第八位同学举手……"当潘彬老师抛出"线条是什么"的问题时，课堂沉默下来，好不容易有一个学生举手，但潘彬老师并没有急着让他回答，而是以期待的眼神、鼓励的语言不断提示学生，敢于举手就是自信的表现，大胆举手更是挑战自我的机会。临近课堂结束，潘彬老师说："同学们，现在请想一想，用一句话来表达你今天学习的收获，我找到怎样的线条？我们通过接力来表达，每个组每个同学都必须发言，且看哪一组最流畅，表现最棒。当同学有困难时，小组内的同学一定要帮帮忙。"随即准备两分钟，学生依次流利地表达本课学习的收获。"我找到快乐的线条。""我找到华丽的线条。""这节课让我体会到线条的精彩，赋有生命力。""这节课让我重新认识了美术，对艺术有更深的理解。谢谢老师。"……当一句又一句发自孩子内心深处的语言迸发时，在场的教师无不鼓掌和欣喜，感叹学生的内心世界多么精彩，学习能力无法估量。

在美术课堂中，美术教师除了教给学生美术的知识、技能外，更需要从育人的角度，让艺术触动学生的内心世界，让他们从中接受美的发现、道德的浸润、灵魂的洗礼。潘彬老师从站上讲台的那一刻起，眼睛时时刻刻看着学生，心里处处想着学生。他们的起点在哪里？学习的需求是什么？美术教学的最终目的是什么？用怎样的方式方法启发、引导学生最有效？如何唤醒学生的合作意识、协作能力？

教师是课堂教学的设计者、执行者，要时时刻刻站在育人的角度，关心、关注每一个学生，包括他们的眼神和内心渴求。"同学们举手时，一次也没有得到回答问题机会的同学请用OK手势，老师就明白了。""最后一组那位女生第一次举手，把机会给她。"这样的话语，顿时让课堂温暖起来，让学生内心激动起来，学习的热情和欲望高涨，每个学生都成了课堂的主人。只有有效参与、积极协同的课堂才能灵动自然，向学习更深处发展，才能彰显教师引导的功力和互动的魅力，这种人人参与对话的课堂，正是践行以生为本、任务驱动学习的教学需求。

美术课是实施美育的重要阵地和载体，迫切需要教师更新教学理念，大胆追求并提升教学效率，这是核心素养引领下的美术教育所需，更是学生学习所需。美术教师要正确引导学生进行图像识读、美术表现，更加注重学生"见美"的过程引导和发现，驱动学生在情境、问题中深度思考和理解，获得对美的认知、发现、表达和理解，达到"纯洁道德、丰富精神"的育人目的。

三、任务驱动误区

在实际的教学过程中，往往是多种教学方法错综交叉，单一的任务驱动也会让教学枯燥乏味，学生纯粹为了任务而走过场、走形式等，容易陷入一些误区。

1. 任务模式化

教学有法，但无定法。如果一直采用某种模式化的任务驱动策略，学生容易产生厌倦情绪，对教师的教学设计了如指掌，必定会导致课堂失去生机和活力，学生疲于应付，为完成任务而被动学习，违背了任务驱动的初衷。例如，每次引导学生识读图像时都设计"你看到了什么？有什么感受？喜欢吗？为什么"等问题，学生会有学习的新奇感和探究欲吗？

2. 任务肤浅化

任务设计无层次，不聚焦核心任务，而采取浅表化的设计几个问题，缺乏启发性、挑战性，学生一看便知或随意看看书就知道，激发不起学生强烈的任务驱动意识和挑战兴趣，那学生在完成任务时，会因过于简单而不愿深入思考和深度探索。

3. 任务作秀化

教师为了转变教学理念，彰显以生为主的教学，故意作秀，让学生配合教师作秀。特别是在一些公开课、优质课活动中，一节课设计了很多任务，为了追求当堂课的效益最大化，教师提前铺垫，课堂作秀，看似完成学习任务，实则学生并未实现真正的沉浸式学习。

此外，设计的任务与学生实际认知水平脱节，无法完成；资源获取渠道有限，学生仍然局限于书本，无法开阔视野；教师自身视野有限，引导之力等问题也要引起重视，教师要充分结合实际设计任务，灵活运用策略驱动，切实提升课堂教学效率。在任务驱动型图像识读中，学生始终是主体，教师要在课前研究和设计，在课中组织和引领，在课后帮助和激励，给学生创造更多、更好的探究空间和学习任务，不断培养学生的综合学习能力。

第四节 强化"理解"思维

数字化时代，知识的储存已被信息技术占据，其容量之大、检索速度之快，大脑根本不能及。在教育依然按照传统模式一味地强化学生记忆时，我们不仅要反省，只会记忆的学生将来能走入社会吗？不能仅仅收集大量的事实性知识，而没有自己的分析处理，甚至没有自己的观点和情感融入，那不过就是"事实"或"知识"而已。在核心素养引领的教育中，着力于学生"理解性"思维的培养，追求理解性教学，已是教学所需。

一、知道与理解

"理解"在词典中的解释是"领悟含义或意思"。布鲁纳认为，理解是通过有效应用、分析、综合、评价，来明智、恰当地整理事实和技巧的能力。戴维·珀金斯将"理解"定义为能够灵活利用所学知识进行思考和行动的能力。约翰·杜威在《我们如何思维》一书中对理解做了清晰的总结，认为"理解是学习者探求事实意义的结果"。掌握一个事物、事件或场景的意义，就是要观察它与其他事物的联系，观察它的运作方式和功能、产生的结果和原因以及如何应用。而那些我们称作无意义的事情，是因为我们没有领悟到它们之间的联系……方法—结果的关系是所有理解的核心。[①]

格兰特·威金斯和杰伊·麦克泰格在《追求理解的教学设计》一书中指出，一般来讲，理解的目标是利用已有内容生成或揭示一些有意义的事

---

① 约翰·杜威. 我们如何思维 [M]. 北京：新华出版社，2010：146.

情——利用我们记忆中的已有知识去发掘事实和方法背后的含义并谨慎地加以运用。理解是关于知识迁移的；理解是"超越信息本身"。其次，发展个人的知识迁移能力是良好教育的关键。这是一项基本能力，因为教师只能帮助学生学到整个学习领域中相对很小范围里的观点、范例、事实和技巧，所以我们需要帮助他们将内在的有限知识迁移到许多其他环境、情况和问题中去。

知道和理解的意义肯定是不同的。现对比一下"知道"与"理解"的不同特性①，如表2-4-1所示。

表2-4-1   "知道"与"理解"的不同特性

知道	理解
事实	事实的意义
大量相关事实	提供事实关联和意义的理论
可证实的主张	不可靠的、形成中的理论
对或错	有关程度或复杂性
知道一些正确的事情	我能够理解为什么它是知识，什么使它成为知识
根据所知回应提示	我能够判断何时使用以及何时不用我所知的内容

在我看来，"知道"是一种记忆状态，处于学习的初级阶段；而"理解"上升为一种能力、一种思维，能切实转化为学生的才干、本事、能力、能耐、才能等。强化"理解"思维的教学，就是基于学生思维素养和学习能力的形成，让学生学会区分"事实"和"观点"，在具体情境中面对事实时能研判，从而准确地做出正确的行为决定。

教育家陶行知先生认为，中国教育的一个普遍的误解是以为：用嘴讲便是教，用耳听便是学，用手做便是做。这样不但误解了做，也误解了学与教。我们主张教学做是一件事的三个方面：对事说是做，对自己之进步说是学，对别人的影响说是教。"对事说是做"其实就是在强化"理解"后的行为，如果没有理解的"做"，恐怕也"做"得不好，甚至不对。"理解"不同于简单的"知道"，理解更多是对事物复杂关系的关联性思考与心灵体

---

① 格兰特·威金斯，杰伊·麦克泰格.追求理解的教学设计［M］.闫寒冰，宋雪莲，赖平，译.上海：华东师范大学出版社，2017：39.

悟。追求理解的教学，学生获得的不是单纯的"知识"，而是知识、技能、情感、情境、认知、体悟等之间的综合关系和思考。

二、理解六侧面[①]

1. 能解释

通过归纳或推理，系统、合理地解释现象、事实和数据；洞察事物间的联系并提供例证。

2. 能阐明

叙述有深度的故事，提供合适的转化，从历史角度或个人角度揭示观点和事件的含义，通过图片、趣闻、类比和模型等方式达到理解的目的。

3. 能应用

在各种不同的真实情境中，有效地使用和调整我们学到的知识。

4. 能洞察

批判性地看待、聆听观点，观其大局。

5. 能神入

能从他人认为古怪的、奇特的或难以置信的事物中发现价值，在先前直接经验的基础上进行敏锐的感知。

6. 能自知

显示元认知意识，察觉诸如个人风格、偏见、心理投射和思维习惯等促成或阻碍理解的因素，意识到我们不理解的内容，反思学习和经验的意义。

三、强化"理解"教学建议

1. 基本原则

（1）理解性原则。

理解的深度决定设计的高度；理解是在悟的过程中内化；理解没有终点，只有你深入到什么程度。坚持理解性设计理念，按照理解的不同阶段和

---

① 格兰特·威金斯，杰伊·麦克泰格.追求理解的教学设计［M］.闫寒冰，宋雪莲，赖平，译.上海：华东师范大学出版社，2017：94-95.

第二章 任务驱动

追求理解

不同特征进行问题设计，层层引导学生以达到理解的目的。

（2）建构性原则。

教与学是一个不断助力建构和自我建构的过程，教师要引导学生从思维建构、知识建构、情境建构、能力建构等方面，以系统性思维建构学习网络，循序渐进地引领学生完成自我知识、能力、价值等体系的建构。

（3）科学性原则。

任何设计都要强调科学性、适宜性，与学生年龄特征和认识水平相符，遵循科学有效的目标导向，注重其层次性、适度性、针对性、合理性，让设计真正适合学生的成长和发展。

（4）完整性原则。

从知识、技能、思维、结构、评价等方面较为完整地思考，以全域眼光进行设计，既关注知识的传承与更新，又强化对素养、情感的培养、内化，不能空谈素养，更不能空谈能力，而是基于基础、基于积累进行纵深设计。

2. 教学建议

（1）提高执教站位——立德树人、素养为本。

教师是站在课程标准和教材制高点的人，一手握着课程标准的要求，一手握着教材的内容，如何在二者间寻找最佳的教与学的途径，需要教师提高执教站位，秉持教育初心使命，始终把"立德树人"放在首位，课程育人、做到课堂育人。就具体的学科而言，坚持素养为本，始终引导学生形成核心素养，而不是"树木思维"，只关注零碎的知识，而忽略"森林"。

（2）找准目标定位——为思维而教、为理解而教。

教什么比怎么教更重要。当教师非常清晰每堂要教什么、完成哪些具体任务的时候，教学目标也就非常明显。如果教师不清楚教什么，而一味地强调教的方法和路径，估计效果就会大打折扣。如果教师找准设计的目标定位，为思维而教、为理解而教，梳理基于清晰内容的目标定位，那设计一定会条理清晰，具有可操作性、可实践性。

（3）综合各法就位——别出心裁、巧夺天工。

教学设计就像编剧撰写剧本，教学设计的精彩与否、精准与否，决定着课堂教学的效果、效能。在进行教学设计时，建议美术教师根据内容和目标，综合各种方法，在讲授或合作时，别出心裁、巧夺天工，让课堂在一定的情境中跌宕起伏，深深地吸引学生尽情参与、积极投入，彰显课程的魅力。

（4）关键落实到位——教学智慧、深度学习。

追求理解的教学，关键是在课堂教学中落实到位，不停留在课前功夫，而是把课前功夫全部投入到课中，以教师的教学智慧促进学生深度学习，达到理解的目的。教师是教学设计的执行者、生成者、优化者，其课堂教学能力决定着教学设计的最终效果。所以，追求理解设计的关键，是要有可以理解并执行的教师。教师才是课堂增效的关键要素。

四、追求理解的三个阶段设计

以浙美版小学美术五年级下册第9课《弯弯的小路》为例，课程理解可分为预期结果，评估证据，学习计划三个阶段。（见表2-4-2）

表2-4-2　以《弯弯的小路》为例讲解三个阶段

阶段1：预期结果	
所确定的目标：让学生初步了解透视的基本知识，提高学生造型能力。	
理解： 学生通过观察生活中弯弯的小路，改变木桩的大小和间距，感受物体近大远小的透视规律。 期望他们获得的特定理解是日常生活中近大远小的视觉现象。可预见的误解是宽窄、浓淡、疏密等不是透视现象	基本问题：我们眼睛所看到的物体，由于距离的关系常常出现近大远小的情况，如路、风筝、电线杆、斑马线、栏杆、铁路等，你发现了吗？是什么原因产生的呢（联系实际设置启发性问题促进探究、理解期待）
学生将会理解透视、视平线、消失点这三个概念，能够认识近大远小的透视现象，并通过观察书中的图例与范画，画出小路的纵深感。 作为本单元的学习结果，学生将会获得有关透视的关键知识和技能。 习得这些知识和技能后，他们最终能够在观察、比较、分析、思考中探究、感悟这一客观现象，培养学生在生活中观察的习惯、发现美的意识，让学生在生活中能用美术的眼光、科学的态度去认真观察自然、分析现象，表现生活中的美，同时对透视现象的创作不望而生畏	基本思维：习得这些知识和技能后，他们最终能够在观察、比较、分析、思考中探究、感悟这一客观现象，大胆表现美

阶段2：评估证据	
表现性任务： 学生通过对现实生活中的透视现象进行审美判断，以表现弯弯的小路，比较谁表现的小路更有纵深感等真实的表现性，证明自己达到了预期的对透视的理解目标。 通过对弯弯的小路的造型和实际表现效果进行评判，理解成效	其他证据： 学生通过对《自拍杆》《捕禽图》《林间小道》等作品的赏析证明自己达到的预期结果，通过实际的造型表现反馈和评价自己的学习
阶段3：学习计划	

学习活动：

"猜—学—找—画"深入浅出地引导学生领会透视的规律，将透视术语融入一系列活动中，在动手实践中重自主、促探究，注意知识点的跟进和学习内容的层次性，培养学生掌握和使用美术术语的表达能力，使学生达到预期目的。

具体设计：

W=紧密联系现实生活，帮助学生了解学习的方向和预期结果，从"近大远小"的现象了解学生的认知兴趣和水平。

H=如何把路表现得弯弯的，始终引导学生发现和实践，激发学生探究的欲望。

E=从发现透视、解读透视、领会透视等方面引导学生，帮助他们掌握透视的基本知识和表现技巧。

R=以"路"为学习载体，给学生提供机会去反思和修改他们的理解和表现力。

E=通过展示交流相互评价学生的表现和理解程度。

T=对于学生不同的需要、兴趣和能力，通过"三线一点"画法对学生进行个性指导和帮助。

O=教与学交互组织教学，在自主表现、合作探讨、展示讲述等实践性活动中激发学生学习兴趣，提升学习效果

案例

《弯弯的小路》教学设计

【教材解析】

《弯弯的小路》是浙美版小学美术五年级下册第9课的内容，由图例欣赏、技法学习、学生作品、学习建议四部分组成。本课以"路"为主题，引导学生初步学习近大远小的透视原理并画一条路，提高学生对事物大小、空间变化的观察能力，增强学生对空间纵深感（高远）的表现能力。在生活中，以不同的视角、不同的距离观察不同的物体，会产生近大远小、近宽远

窄、近高远低、近疏远密、近浓远淡、近实远虚等视觉现象，了解这些现象，对学生把握事物的形体具有较高的帮助和指导价值。

本课属于"造型·表现"学习领域的内容，重在提高学生的造型能力，要求学生初步了解透视的基本知识。学生通过观察生活中弯弯的小路，改变木桩的大小和间距，感受物体近大远小的透视规律。教材选取了油画《弗拉基米尔之路》、实景图例（草地上的木板路、家乡的石板路、通往家乡的山路）等作品，让学生在欣赏中感悟画家、摄影师表现小路通向远方的感觉及表现方法，同时采用简洁明了的图示和提示语将近大远小的透视原理传递给学生，有利于学生自主探究、尝试表现。本课需要学生初步了解透视、视平线、消失点这三个概念，重点认识近大远小的透视现象，并通过观察教材中的图例与范画，画出小路的纵深感。

纵观小学美术教材，本课第一次出现了美术用语"透视""消失点"，而透视也是小学美术教学的一个难点。教师应如何引导学生理解"透视""消失点"？教材中展示了不同地区、不同风格的小路，让学生在观察、比较、分析、思考中探究、感悟这一客观现象，培养学生在生活中观察的习惯、发现美的意识，让学生在生活中能用美术的眼光、科学的态度去认真观察自然、分析现象，表现生活中的美。优秀的名家名作能让学生在赏析、感悟透视原理，学习透视知识的同时进行更好的审美教育，而同龄人的作品可以让学生打开创作思路，对透视现象的创作不望而生畏，无论是题材的选取，还是构思、构图，都能有章可循，突破创作难点。

【学情分析】

五年级的小学生已在向绘画写实期迈进，正处于由形象思维向抽象思维过渡的阶段，是个性发展期，学生对表现眼中真实的世界有了迫切的需求和欲望，他们的认知水平逐渐增强，观察力逐渐提高，已不满足于低年级的绘画内容和表现方式，向往"真"和"像"，但自身的绘画技能又不能满足认知水平的需要，难以用绘画语言表达情感，这个时期的学生"眼高手低"。所以，此时开始进行透视知识的学习和绘画，是契合五年级小学生心理特点的，但在教学中不能过于专业和枯燥，应尽量给学生营造轻松、活泼的氛围，将内容进行儿童化的加工、处理，采用他们乐于接受的找不同、看

第二章　任务驱动　追求理解

动画、实践操作等方式进行教学，引导他们从画面明显、直观的地方入手，观察、探究，了解透视的基本原理。美术教师要鼓励学生提出疑问，发表见解，敢于探索，提高学生对透视规律的理解和艺术感受，并辅以作品鉴赏，"眼高手自然高"了。在学生创作时，美术教师不能过于强调透视的精准性，让学生尽量在绘画中不养成错误透视的习惯，形成透视学习的粗浅概念，为今后的教学作铺垫。

【教学目标】

1. 使学生初步了解透视、视平线、消失点，感知物体因大小、间距的变化而产生的纵深感，认识近大远小的透视规律，并尝试运用透视规律画一条基本符合透视现象的弯弯小路。

2. 通过找大小、画"三线一点"等方式，使学生形成空间意识，探究透视规律。

3. 让学生感受透视效果给画面带来的美感，养成观察生活环境的习惯，体会艺术家善于发现、探索、创新的艺术追求精神。

【教学重难点】

重点：通过观察、分析、对比，认识近大远小的透视现象，掌握简单的规律，了解并掌握透视、视平线、消失点等透视基础知识。

难点：掌握透视关系并能灵活运用，以"路"为造型表现对象，将所学知识灵活运用，画出一条由近到远的小路，使画面更具真实感、纵深感。

【教学准备】

1. 教具：多媒体课件、名家绘画作品和路的照片。

2. 学具：绘画工具。

【教学过程】

课前游戏：用什么办法，能用一个小圈把整个人都装下？自拍杆是怎么产生的？

1. 视频观察，解释现象识概念（预计用时2分钟）

师：（出示视频短片）同学们，请认真观察这个短片，重点观察人从远处走过来后，发生了怎样的视觉变化？人与场景都没变，只有人的位置发生了变化（从远走到近），为什么会出现这样的现象呢？（近大远小）

交流互动：我们眼睛所看到的物体都存在近大远小的关系，这就是我们生活中常见的透视现象。想一想，生活中有哪些存在近大远小的关系？例如，路、风筝、电线杆、斑马线、栏杆、铁路等。

设计意图：艺术源于生活，让学生观察生活中的自然现象，引导学生感受透视原理是生活中处处可见的视觉现象。让学生关注生活实际，发现生活中的透视现象，为表现"路"这个主题打下基础，通过现象解释，初步感知概念。

2. 欣赏导入，阐明概念促思考（预计用时3分钟）

（1）出示图像，引导识读。

师：现在咱们来欣赏一幅画，尝试着一起来解读世界名画的"密码"。这幅画叫《捕禽图》，是1400多年前古埃及的墓室壁画，画的是古埃及的达官内巴蒙及其随从狩猎的场面。请同学们仔细观察，古埃及壁画有哪些特点？

（大屏幕投影古埃及壁画《捕禽图》。）

生：平面化。（学生欣赏、观察壁画，发现古埃及壁画的特点。）

（2）引导探究、发现规律。

师：找一找，在这幅画中哪个人物大、哪些人物小？想一想，为什么大，为什么小？（引导学生观察、思考古埃及壁画中表现人物大小的规律。）

生：古埃及壁画中人物形象的特点和规律是主人大、仆人小。（思考、对话。）

（3）鼓励评价、小结。

古埃及壁画古老而神秘，有着鲜明的艺术风格。古埃及人往往利用一条水平线，把认为必须表现的物体全都填塞在画面中，而人物的大小取决于人物地位的尊卑。

设计意图：古埃及绘画的方法很像儿童画法，所有的东西都必须从最有特色的角度表现出来。而五年级的小学生，刚从儿童绘画期过渡而来，引导他们在似曾相识的画法中观察，既熟悉又好奇，不但容易引起共鸣，而且能激发学生对学习内容的兴趣。在对比中，他们也能对自己的绘画进行联想和反思。

3. 对比感受，应用透视细解读（预计用时5分钟）

（1）发现透视现象。

师：再请同学们欣赏荷兰风景画家霍贝玛的《林间小道》，在这幅画中什么景物大，什么景物小？

（大屏幕投影霍贝玛的《林间小道》，引导识读。）

生：物体（树、房子等），近的大，远的小。（引导学生在仔细观察后表达。）

师：同样是树，在《捕禽图》中大小都是基本一致的，但在这幅画中为什么会出现大小不同的树呢？（引导探究，发现透视规律远近距离产生视觉现象。）

（2）解读透视现象。

师：是啊，近的物体看起来显得大，而远的物体就会显得小，这种现象叫作透视现象。透视现象能让物体产生强烈的纵深感。可透视现象又是怎么发现的呢？早在15世纪，意大利文艺复兴时期的艺术家对此进行了不懈的研究。这些艺术家采取艺术与科学紧密结合的方法，所以画家通常也是科学家。通过一个简单的动画，希望能帮助同学们了解这种神奇的透视现象。（动画演示。）

生：（观看领悟。）

师：让我们再来看看霍贝玛的《林间小道》，除了近大远小属于透视现象，你还发现哪里物体也存在着透视的现象？（由点及面，举一反三。）

生：近宽远窄、近疏远密、近实远虚等现象也是透视现象。（同桌探讨，交流学习。）

设计意图：同样是大和小的变化，古埃及壁画和西方油画作品的依据是截然不同的。巧取"什么大""什么小""为什么大""为什么小"，将两者进行巧妙的（平面与立体）对比和透视知识的迁移应用。根据学生形象思维占据主导地位的心理特点，运用简易、直观的动画，让学生形象、直观地看清、看懂透视现象，不但要知其然，也要知其所以然。让学生明白，美术是艺术，也是科学，为进一步学习领会透视的基本原理打好基础。

4. 强化探究，洞察透视重领会（预计用时7分钟）

师：让我们尝试着将这些表现透视现象的物体的端点用线连接起来，你发现了什么？请同学们以小组为单位，在图片上连一连。（引导发现。）

生：经过亲手实践，发现所有的线汇聚在一点上，交流并进行汇报。（小组合作，实践发现。）

师：通过动手实践，我们发现这些连线最终汇聚到一点，这个点就叫作消失点，路边的景物如果不断延伸，也将消失于这个点。如果画面足够辽阔，我们会发现在天地之间有一条水平的交界线，这就是地平线。而消失点也正好位于地平线上。给每个小组发放有透视的图片（凡·高作品《阿利斯康道路》和透视特征明显的风景照等），请每组学生拿着笔在图片上找、画"三线一点"（视平线、路的两条边线和消失点）。

生：画好后进行反馈、交流。

师：检查纠错，给予鼓励性评价。特别要向学生指出：视平线是一条隐形的线。在现实生活中，只有在无比辽阔的场面（如站在大海边）才能看到水天一线的交界线，但在很多情况下会被其他物体遮挡，所以不一定出现在画面上。

设计意图：通过"猜—学—找—画"深入浅出地引导学生领会透视规律，将透视术语融入一系列活动中，在动手实践中重自主、促探究，注意知识点的跟进和学习内容的层次性，引导学生掌握和使用美术术语的表达能力。

5. 感受曲径，理解运用巧创作（预计用时16分钟）

（1）曲径之美。

师：请同学们观察、对比这两幅图，它们带给你怎样不同的感受？（让学生直观比较，感受弯弯的小路幽深的美感。大屏幕投影直直的马路和弯弯的小路两幅图片。）

生：直直的马路和弯弯的小路都能产生纵深感，直路平坦宽阔，曲径蜿蜒曲折，富于变化，更能给人一种幽静、深邃的美感。（观察感受，讨论交流。）

师：大屏幕投影各种弯弯的小路的图片，让学生欣赏感受曲径之美。

总结：山野、乡村、小区、公园，弯弯的小路无处不在。它们延长了路径，扩展、丰富了空间，使小路有了更多的视角和方位供人们欣赏，这是一种景观之美。

（2）画法指导。

师：观察弯弯的小路，它的地平线、消失点在哪里呢？它的路面有怎样的特点？请同学们运用刚才的方法来找一找、画一画它们的三条线和一个点。想一想，弯弯的小路和直直的马路"三线一点"有什么不一样？（让学生再找"三线一点"，给每个小组分发弯弯的小路的图片。）

生：学生拿着笔在图片上找、画"三线一点"。

师：范画指导。①观察取景；②构图起稿（提示：先在纸上轻构地平线，在画面边缘确定消失点，在画面底定路的两个点，根据透视原理进行一波三折的曲线变化，就会形成不同的路面效果）；③重点描绘，添加景物；④调整统一。

布置作业：用写生或记忆的方法，画一条符合近大远小透视规律的弯弯的小路。要求在路边添加合适的景物使画面充实、有美感。

生：进行创作。

师：巡视指导。

设计意图：在《弯弯的小路》中，弯弯的小路是"美"，透视规律是"术"。在透视知识的基础上，进行本课的第二次对比学习——直与曲的对比，让学生体悟绘画不仅仅是科学，更是艺术，不但要画得像，更要画得美。作为教学难点——物体间的透视关系，教师应运用直观的范画演示，分解要领，进一步帮助学生内化知识。

6. 作品展示，交流评价强概念（预计用时5分钟）

师：展示学生作品，让学生互相欣赏、评价。鼓励学生使用透视及其他美术术语对自己或他人的美术作品进行评述，感受弯弯的小路的纵深感和美感。

7. 课外感悟，神入自知拓思维（预计用时2分钟）

师：著名文学家鲁迅先生曾说："其实地上本没有路，走的人多了，也便成了路。"世界上有很多路，有脚下的路，也有人生的路。它们有时是阳光大道，有时也会曲折坎坷，但每段路有每段路的风景，每段路有每段路的美丽。我们要不断学会发现、学会欣赏、学会体会。一首脍炙人口的《天路》，巴桑用她那天籁般的嗓音、荡气回肠的演唱演绎出青藏铁路的深远意境。"那是一条神奇的天路，把人间的温暖送到边疆，从此山不再高路不再漫长，各族儿女欢聚一堂。"这是一条人民幸福之路，更是一条祖国富强之路。今天学了《弯弯的小路》，希望同学们沿着弯弯的小路，走上平坦的大道，走上快乐的学习之路，走上知识海洋的探索之路，也希望大家走上创新之路。当然，不管你走到天涯海角，也一定不要忘记回家的路、家乡的路……（播放歌曲《天路》。）

设计意图：路具有多重意象，此处拓展延伸，激发学生想象力，不局限于理解具有透视特征的现实之路，更要理解极具思想内涵的理想之路。通过听歌曲《天路》，感受青藏铁路带给藏族人民的幸福和快乐，感知祖国富强、民族团结、人民幸福。对路的情感进行升华，不忘家乡路，感恩家乡；不忘富强路，感恩祖国；不忘复兴路，感恩新时代。

《弯弯的小路》一课，在追求对透视原理理解的同时，更加注重对该原理的运用。以"路"为载体，通过问题设计任务，层层深入，引导学生从现象、作品到概念、从对比、发现到理解，从图像分解、关键梳理到内化，从审美判断、造型表现到创意表达等，最终促进学生对"透视"的理解并转化为表现的能力。

回顾平常的美术课堂教学，过于注重知识传授、技能训练，忽略了学生对美的认知和发现，导致理解、运用的效果不好。特别是回归到生活中，美术与生活似乎是绝缘的，并没有让美的知识在生活中增值。任务驱动型图像识读，是让学生在真实的任务中感受体验、发现表达、创新创造等。在《追求理解的教学设计》一书中，作者指出了学校教学设计的两大误区——"聚焦活动的教学""聚焦灌输的教学"，对我国的教育现实来讲同样具有警示作用。前者没有明确学习体验如何帮助学生达到学习目标；后者缺少明确的大概念来引导教学，缺乏为确保学习效果而进行设计的过程，没有从"理解"的角度进行教学设计，必然会迷失方向。我国当下的核心素养本位的美术课程改革特别重视对学生"理解"的达成和能力的培养。《普通高中美术课程标准（2017年版）》在"教学与评价建议"中指出，美术教学旨在"追求真实性的学习结果"，是"一种开放性的表现目标，指教师提出一项学习任务，不期望学生反映的一致性，而是关注学习结果的多样性和个体性"，其中的"多样性"和"个体性"就是基于学生的个性化理解而产生的效果。

第三章

策马扬鞭　以美立德

一代巨匠，静静地躺在《辞海》2247页："徐悲鸿（1985—1953)，在中国现代美术史上有着重要影响的画家、美术教育家。江苏宜兴人。少时刻苦学画，后赴法国留学。曾携中国近代绘画作品赴法、德、比、意及苏联展览……"理性、简约、凝重、冷静的事实陈述①。

徐悲鸿是我国现代杰出的画家、美术教育家、爱国者，创作大量《奔马图》来隐喻民族危亡时刻中华儿女的英勇奋发，希望中国人能够像战马一样英勇抗敌，是独立的、自由的烈马，是一马当先、万马奔腾的写照，更是奋发向上的中华民族的象征，是很好的德育、美育教材，在爱国主义教育教学中具有很强的现实意义。鲁迅选择对传统文化进行激烈抨击，打开黑暗的"闸门"，令别人逃出"铁屋子"，自己则甘愿被抛入无尽的"寂寞"；徐悲鸿虽然"生于穷相，一生未与幸福为缘"，但乐观、向上、昂扬，如奔马，冲锋在前，一马当先。

策马扬鞭，时代呼吁拼搏精神，需要激进向上；以美立德，彰显美育育人功能，聚焦立德树人初心。

---

① 傅宁军. 悲鸿生命——徐悲鸿的生前死后［M］. 北京：人民文学出版社，2015：1.

第一节　时代需要奔马精神

将学校美育作为立德树人的重要载体，坚持弘扬社会主义核心价值观，强化中华优秀传统文化、革命文化、社会主义先进文化教育，引领学生树立正确的历史观、民族观、国家观、文化观，陶冶高尚情操，塑造美好心灵，增强文化自信。为了更好地理解徐悲鸿的爱国情怀，深度识读他的《奔马图》，通过美术主题教学挖掘奔马文化意蕴和社会价值内涵，弘扬中华优秀传统文化，培育学生爱国情怀，增强文化自信，达到以美育德、立德树人的目的。

一、落实立德树人宗旨

党的十九大报告指出，社会主义核心价值观是当代中国精神的集中体现，凝结着全体人民共同的价值追求。教育要站在"培养什么样的人、如何培养人、为谁培养人"的战略高度来进行研究和实践。《中共中央国务院关于深化教育教学改革全面提高义务教育质量的意见》中明确指出，加强美育与德育、智育、体育、劳动教育相融合，充分挖掘和运用各学科蕴含的体现中华美育精神与民族审美特质的心灵美、礼乐美、语言美、行为美、科学美、秩序美、健康美、勤劳美、艺术美等丰富美育资源。徐悲鸿及其系列《奔马图》作品极具爱国情怀和美育价值，是实施以美育人的优秀素材。

二、奔马精神的现实意义

郁达夫在《怀鲁迅》一文中说过："没有伟大的人物出现的民族，是世界上最可怜的生物之群；有了伟大的人物、而不知拥护、爱戴、崇仰的国家，是没有希望的奴隶之邦。[1]"徐悲鸿在中国现代美术史上有着重要影响，是一座里程碑，在他的童年、少年、青年的成长岁月中，经历了戊戌变法的失败，义和团的兴起，八国联军的入侵，陈天华蹈海自觉，秋瑾、徐锡麟成仁，黄花岗烈士遇难，武昌起义和辛亥革命的胜利。徐悲鸿深切感受到由于清朝腐败而导致列强欺压，人民备受苦难的沉重心情，他的内心无法平静，人生无法沉默。他直面现实，奋发自强，把悲天悯人的人道主义和爱国热情寄托在美术创作上，激进坦然，直抒胸臆，创作了大量反映民族精神的巨作，深受人民喜爱，如《田横五百士》《徯我后》《狮吼》《奴隶与狮》及《奔马图》等，其中《奔马图》更能让人民百姓直观地感受到他那颗滚热的心和强烈的爱国之情。例如，作画题跋："长沙、台儿庄大捷""辛巳八月十日第二次长沙会战，忧心如焚，或者仍有前次之结果之，企予望之，悲鸿时客槟城""直须此世非长夜，漠漠穷荒有尽头""山河百战归民主，铲尽崎岖大道平""为抗日烈士默哀""哀鸣思战斗，迥立向苍苍""痛感民族之不振"等语句。这种强烈的爱国情感和奋发向上的精神，无论处于哪个时代的中国人民都需要拥有，更需要践行，做一个衷心向国、赤诚向党的中国公民。徐悲鸿先生拿起画笔表达心中的爱国热情，他的《奔马图》对于今天的学生来说，仍具有很强的现实意义。通过主题教学，能让学生充分感受其精神，内化为爱国意识和行为。

三、素养时代的教学需要

"立德树人，以美育人，培育健康审美观念，陶冶高尚情操；认识文明成果，坚定文化自信，树立正确的文化观；激发想象力和创造力，培养创新精神，促进学生全面而有个性的发展。"[2]以美育德，让美育与德育深度融合，是进行美育教育的前提和保障。美育首先是立德、立美的学习，但当下小学美术课堂教学，重绘画、轻欣赏，重知识、轻人文，重技能、轻美育，

---

① 杨先让.徐悲鸿［M］.桂林：广西师范大学出版社，2018：1.

② 中华人民共和国教育部.普通高中美术课程标准（2017年版）［S］.北京：人民教育出版社，2018：1.

重讲解、轻引导等现象较为突出，教师缺乏课程意识，教学过程碎片化，对美术基本思维不够关注，项目化、情境化、任务型活动设计较少。

《徐悲鸿与奔马》选入义务教育浙美版六年级美术上册第1课，要求"了解徐悲鸿作品的艺术特征，体会画家通过奔马表达的情感"。基于教学和学生成长的需要，选择《徐悲鸿与奔马》作为主题教学设计，以识读徐悲鸿《奔马图》，体会徐悲鸿博大的精神视野和思想内涵，内化和熏陶爱国情怀，树立积极拼搏、勇于奋进的精神导向。

建构主义教学观认为，学生获得知识和能力并不是依靠教师的传授，而是在一定的情境下，依托一定的任务驱使，借助包括教师在内的其他人的帮助，查阅资料，以明确的意义建构的方式获得知识和能力。强调学生以自己的方式主动建构认知结构，以主题教学设计，旨在帮助学生建立自主学习的行为路径，在教师的参与和帮助下，完成主动建构。强化在美术教学中落实立德树人的根本宗旨，助力学生树立正确的人生观、价值观、世界观，培养学生正向、积极的图像识读意识和能力，适应"读图时代"的发展需求，提高甄别和审美的能力，积淀视觉文化素养，充分感知和发现艺术家及作品所蕴含的思想、情感、社会责任等，内化为自我德育认知，外化为真善美行为。

第三章 策马扬鞭 以美立德

第二节　课例研究具体做法

一、总体思路

以理论学习贯穿始终，以课堂教学实践为重点，以课堂观察诊断为核心，以案例分析研究为突破点，加强以交流分享、辐射运用为目的五条主线建设，以工作室为主要研究阵地，由多名成员组成研究团队，着力围绕任务驱动型图像识读落实立德树人的根本宗旨，开展主题研修活动。为使研究真正落到实处，工作室制订了合理、有序的课题实施计划，结合课题组成员情况，从理论学习、课堂观察、案例分析、报告撰写、资料收集等方面进行分工，确保研究过程的有序推进和研究资料的及时收集整理。以《徐悲鸿与奔马》为典型课例研究内容，以主题化、项目化研究和课堂教学实践为重点，以任务驱动型图像识读教学为核心，以落实立德树人贯穿全过程，探索以美育德的教学实施策略。

1.强化图像识读

基于理论文献和图像识读现状进行调查研究，收集美术教学中学生对图像识读的心理反应及老师在课堂上的关注程度，并分析原因，找准学生图像识读的兴趣点和关注点。

2.注重深度研究

从学生成长、教师发展、课程研究的角度深入挖掘作品的美育、德育元素，着力从作品的语言形态、主题内容、文化意蕴、艺术家思想等方面进行探究，形成系统的思考和研究。

3. 优化过程设计

从收集素材、发现问题、逐步理解、探究意义、深度识读、情感融合、升华认同等设计任务驱动学习中，逆向探索和体验"像美术家一样创作"的过程。

4. 任务驱动引导

改变课堂教学设计的重心，把图像识读与德育渗透放在首位，切实引导学生树立"注重德育先导、提高审美素养、改变视觉思维、注重自我思考和发现"的美术学习观，克服单纯为画而学的思想，以任务驱动型识读组织教学，通过参与、探究、互动、交流和合作的学习方式，在完成任务的实践中感知、认识、应用。

5. 坚持研用并举

研究学习效果反馈，从课堂有效性、学生参与性、学习愉悦性和学生审美素养等方面收集情况，通过教学实践和案例研究，总结、提炼在美术教学中，如何实施以任务驱动型图像识读落实立德树人的有效教学策略。

二、具体做法

1. 加强理论文献学习

收集美术教学中学生对图像识读的心理反应、识读水平及老师在课堂上的关注程度，并分析原因，找准学生图像识读的兴趣点和关注点，通过对任务驱动型教学策略进行全面的了解，结合美术教学有机融入，提出任务驱动型图像识读策略，以丰富和提升课题研究的理论基础。阅读和参考文献：《美术课程标准》《唤起知觉经验的美术学习》《尹少淳谈美术教育》《美术核心素养大家谈》《徐悲鸿传》《悲鸿生命——徐悲鸿的生前死后》《徐悲鸿研究》《徐悲鸿画传》《中西笔墨：徐悲鸿随笔》《徐悲鸿与民国时期的大学美术教育》《徐悲鸿谈艺录》《追求理解的教学设计》《人是如何学习的》《世界良马》《教育方法学》等专著和《中国美术教育》《中国中小美术》杂志上的相关文章。同时对大路槽小学、洋川小学、育红小学、城南小学、风华小学、茅垭小学等校部分中、高年级学生开展问卷调查，为课题研究奠定了基础。

第三章 策马扬鞭 以美立德

2. 注重现状调查研究

案例在基于理论文献研究和核心素养倡导下的美术教学，作了问卷调查和访谈，掌握了美术教学的现状，重点是对美术教学中如何通过图像识读，深度领悟作品的思想内涵和人文精神进行关注和剖析，聚焦"以美育德"，探索有效的教学策略。

（1）基本情况。

① 调查问题。主要从性别、教龄、学校就读专业、现任职称专业、学校所处区域、是否专职美术教师、美术教学年限以及接受最高级专业培训等方面对美术教师进行调查。主要目的是了解接受问卷调查的美术教师的基本结构、区域分布及能力水平等，有利于更好地剖析问卷答案背后的群体。教师是承担教育教学的直接者，也是决定教学质量的关键者。教师的结构和思想、能力和水平往往直接反映着他们的意识形态、敬业精神和职业水准。

② 调查情况。本次问卷调查共收到105位教师的参与答卷，其中小学92位，中学13位。从性别和年龄来看，女性71.4%，男性28.6%，总体呈年轻化趋势，40岁以下占72.3%。从就读专业来看，美术专业的占61.9%，主要是近些年招聘的特岗教师和师范生，但现任职称是美术专业的仅占54.3%，且呈交叉状。专职教师仅有28.5%，多数是兼职，且以任语文、数学学科为主。接受培训的情况以县级居多，参加省、市级培训的教师主要集中在县城，以观摩学习、参加优质课比赛、国培计划等项目为主。

（2）问卷分析。

问卷共设计了10个问题，分别从职业认同、学科属性、执业理念、核心素养、课堂策略等方面进行设计，目的是全面了解美术教师的角色定位、执业水准等，对本案例研究内容的认识和了解，以帮助课题组更加深度思考，充分认清现状，明确课题研究的现实意义。

本次问卷调查，共收到105份答卷。现从以下五个方面进行剖析：

一是职业认同。93.3%的教师比较喜欢美术教师这个职业，4.7%的教师认为还可以，分别有1%的人不喜欢和没感觉。对于美术教师的基本功来说，70%以上的教师认为绘画技能、理论知识、示范能力比较重要，比较符合传统教学的情况，但我们的问卷其实是想探究教师在教学设计能力、研究能力甚至政策解读能力方面的认识。在核心素养时代，越来越需要教师具有良好的设计能力，能从大概念、大单元的视角去认识美术课程，从更大的视野引领学生层层深入学习，真正达到理解运用的目的。教师是课程的执行者，也是课程的开发者，执行教材是其本职工作，高效地执行教材、优化课程更是教师的责任担当。美术教师关注基本绘画技能技法和理论知识是基础，还应该站在大教育的高度去认知美术课程。

二是学科属性。在美术教学学生最应得到的学习收获中，绘画技能、美术知识、审美判断分别占65.3%、60.5%、70.1%，文化理解、发现想象、以美育人分别占53.6%、49.2%、37.5%，从数据看，文化理解、发现想象、以美育人这几个视角都是非常隐性的，在美术教学中似乎也是难以实施的，明显比可见的技能、知识、判断的认可度要小。这本是一个单项选题，但是在具体的答卷过程中，选多项的现象较为普遍。调查的目的是了解"以美育人"在教师眼中的认知程度。对于美术教学对学生的成长和发展的影响、作用，23.6%的人认为非常大，70.5%的人认为有一定帮助，5.9%的人认为作用不明显。美术一直被看作"豆芽""副科"，其价值在教师的认知中也不是特别高，仅是有一定帮助。

三是执业理念。在平常的美术教学中，教师最喜欢采用的教学方法，讲授法和示范法所占比例较高，分别为65.1%、64.6%，任务驱动法仅为4.7%，合作法为7.6%。在平常的美术教学中，以讲授和示范为主要教学方法确实是常态。这说明在广大教师的心目中，传授技能是核心，讲授理论知识是必备。这是"双基"时代的执业理念，教师关注的焦点依然是基本知识和基本技能。而本问题的目的是了解教师对任务驱动法的了解和认可度。85.7%的教师认为美术对培养学生道德品质有帮助。在美术教学中经常开展主题化、项目化教学或研究的教师仅占8.6%。这说明美术教师的研究意识不够，关注度在绘画技能方面居多。

四是核心素养。图像识读作为美术核心素养的最基本素养，但美术教师的关注是不够的。在"图像识读"的重点中，表现形式、具体内容、技能技法、笔墨色彩较多，而对思想内涵、文化背景的关注较少，往往会采取浅表性的"看"，致使学生对作品的解读始终处于浅表层面。随着核心素养倡

第三章 策马扬鞭 以美立德

导下的教育改革，培养学生的审美判断能力和文化理解能力是时代所需。现在正处于一个图像表达、文化多元的时代，信息传播速度加快，形成所谓的"快餐文化"，这对学生准确、快速地识读图像，积极适应社会需求，具有重要意义。同时通过可视化、艺术化的形式表达自己的思想和情感，解决生活和学习中种种问题的能力，是未来公民所必备的。

五是课堂策略。问卷中关于课堂策略共有两个问题：一个是采取"任务驱动"能否帮助学生有效学习，另一个是认为最能影响美术课堂教学效果的原因。对于任务驱动法，91.4%的教师认为能帮助学生有效学习。"任务驱动法是一种建立在建构主义学习理论基础上的教学法，它将以往以传授知识为主的传统教学理念，转变为以解决问题、完成任务为主的多维互动式的教学理念；将再现式教学转变为探究式学习，使学生处于积极的学习状态，每一位学生都能根据自己对当前问题的理解，运用共有的知识和自己特有的经验提出方案、解决问题。"而在影响美术教学效果的原因中，学校重视及家长配合程度、美术器材及场地、生源质量占的比例偏高，分别为57.1%、42.8%、38.0%。而教师素质、教学设计、教学策略、学生兴趣所占比相对较低，其中教学设计占19.0%。这说明教学设计在美术教学中的影响力不大。现在的美术教师，对单元设计、大概念教学等了解较少，大多数都是围绕教材实施单课教学，"只见树林，不见森林"的现象较为突出。同样，美术教师的系统思维和设计方面也较弱，认为基于技能传授的美术教学，并不需要教学设计，只要正确示范，让学生掌握即可。

3. 改变课堂教学设计重心

把图像识读能力的培养放在首位，切实引导学生树立"提高审美素养、改变视觉思维、注重自我思考和发现"的美术学习观，克服单纯为画而学的思想。先后开展了"夸张的脸"同课异构、"家乡的桥"主题研修、"热带鱼乐园"专题送教、"流动的风景线"课例交流、"弯弯的小路"教学研讨、"泼墨山水"示范教学、"线条的故事"主题教学、"徐悲鸿与奔马"主题设计与教学等，在课例研究中进一步发现美术教学扎实开展图像识读的重要性和促进学生观察、表达能力提升的必要性，并探索纵向深度识读和横向多元识读，以任务驱动的方式促进学生深度识读，切实提升学生对图像的感知、理解和剖析能力。通过课堂教学探究，对作品或视觉图式的构图、色彩、背景、艺术家、画种、创意、文化内涵等进行识读，切实提升学生眼睛"看"的能力，优化学生的视觉体验，让学生走进视觉图式，注重质疑与思考，强调学生自我认知、发现和积淀。同时激励教师认真钻研教材，不是简单、肤浅地对教材中现成的素材照本宣科，而是站在学生成长、教师发展、课程研究的高度，深入研究教材，用大课程观思考教学、研究课堂。

4. 课堂观察诊断提升学习效果

研究学习效果反馈，从课堂有效性、学生参与性、学习愉悦性及学生审美素养等方面收集情况，做好反思与总结。先后开展"从一幅画读起""'看'重要吗——认识图像识读""赋能美术·以美育人""策马扬鞭·以美立德"等专题研讨，对《落日》《会说话的石头》《盛开的鲜花》《夸张的脸》《徐悲鸿与奔马》等作品开展课堂观察诊断，力求转变教学理念，把帮助学生的成长和发展放在首位，以美术核心素养为本位，减少单一、枯燥的美术学科知识灌输和技能训练，让美术学习从"看见、看清、看懂、看明、看透"等识读素养开始，分层设计问题，进行任务驱动，激发学生对美的追求、表达和创造。

5. 总结提炼形成创新美育案例

通过教学实践和案例研究，总结、提炼、强化图像识读，注重视觉体验，实施任务驱动落实立德树人的有效教学策略。课题成员围绕研究主题，开展微型研究后形成专题，在工作室研修平台分享，不断推进研究深度。通过在美术教学中注重对学生"图像识读"能力的培养，优化学生视觉体验，促进学生在"看什么""怎么看""为何看"等方面的思考和积淀；通过尝试任务驱动型图像识读，促进学生聚焦问题、主动思考、主动学习，培养学生学习能力，增强解决问题的能力，达到形成美术素养的目的；通过聚焦案例研究，识读图像中的内容、内涵，提取德育元素，激发学生思想理解和行为认同，达成以美育德的目的，提升美术学科的育人价值。这既响应"读图时代"综合能力的培养需求，又着力提升学生审美素养和美术表现能力。形成的创新美育案例《任务驱动型图像识读落实立德树人教学策略探究》获贵州省创新美育案例评选一等奖。

第三章 策马扬鞭 以美立德

第三节　有效识读奔马精神

　　艺术是个体生命体验的表达。徐悲鸿对于艺术的挚爱及展示的家国情怀，铸就了他辉煌的创作成就。对于社会现实，他具有极其丰富的情感体验，拥有敏锐的社会洞察力和感受力，真切地表达了奔马等主题，成为时代的心声和旗帜。徐悲鸿笔下的奔马，无羁绊，傲骨嶙峋，自由洒脱，独具英姿，以浪漫的手法隐喻民族危难之际中华儿女的英勇奋发。[①]

一、艺术启蒙

1. 心摹手追，怡然自乐

　　徐悲鸿出生于江苏省宜兴县屺亭桥镇，自幼家境贫寒，生活艰苦，这也就有了后来"江南贫侠""江南布衣"的名号。受父亲徐达章的影响，徐悲鸿自幼就爱画画，尤其是各种动物画，如牛、羊、鸡、狮、猫、鹰等。"时强盗牌卷烟中有动物片，辄喜罗聘藏之。又得东洋博物标本，乃渐识猛兽真形，心摹手追，怡然自乐。"但是，他最爱画的动物，还是马。[②]自小生活在南方的徐悲鸿很少见到马，而一旦见到马，那种喜爱就好像被迷住了一样。横贯一生的创作实践，到法国学西画时更是对马的肌理、骨骼、形态等做过细致入微的观察和研究。

---

① 王文娟. 徐悲鸿研究·青春论坛：21世纪徐悲鸿研究及中国美术发展［M］. 北京：文化艺术出版社，2019：213.

② 王文娟. 徐悲鸿研究·青春论坛：21世纪徐悲鸿研究及中国美术发展［M］. 北京：文化艺术出版社，2019：212.

2. 崇尚自然，坚持写生

徐悲鸿强调："人之欲成艺术家者，则有数种条件：①须具极精锐之眼光与灵妙之手腕；②有条理之思想；③有不寻常之性情与勤勉。"要做到精锐之眼光、灵妙之手腕，必须勤学、勤练，培养双眼和双手。他画马入了迷。在他睡觉的茅屋里，墙壁上挂着各式各样的画稿：奔跑的马、饮水的马、吃草的马、嘶鸣的马、单马、双马、群马……他如同生活在马的世界里。

"艺术家之天职，至少须忠实述其观察所得，否则罪同撒谎，为真赏所谴！故任何地域之人，能忠实实其所居地域景色、物产、生活，即已完成其高贵之任务一部。此乃大前提，攸关吾艺术品格！[①]"

"学画者最好以造化为师，故写马必以马为师，画鸡即以鸡为师。细审其状貌、动作、神态，务扼其要，不尚琐细（如细写羽毛等末节）。"[②]崇尚自然，师法自然，善于从自然中发现美、创造美。

3. 精微广大，视野辽阔

徐悲鸿要求素描练习必须忠于描写对象，除了要求对象的比例、明暗、轮廓、解剖等精确之外，更重要的是通过这些精确的描写，能够表现出对象的主要特性。为了达到这个要求，他在指导学生作画过程中提出了致广大、尽精微的要求，即学生作画之前必须先精微地观察对象，做到尽精微，学生通过仔细观察对象后，抓住所要描绘对象的主要特征，对于不重要的部分加以取舍和概括，这样作画时就可以致广大。[③]

徐悲鸿一生所画素描大概有四千多张，而关于马的就有一千多张，这也源于他从小的生活环境。从精微处找寻精彩，从广大视觉中拓展思维、视野，丰富情感认知和视觉体验，从而为美术创作打下坚实的基础。胸有成竹，八方溯源，方能下笔如神。

① 徐冀.徐悲鸿论艺［M］.北京：人民美术出版社，2019：66.

② 徐冀.徐悲鸿论艺［M］.北京：人民美术出版社，2019：119.

③ 尚莲霞.徐悲鸿与民国时期的大学美术教育［M］.南京：南京大学出版社，2014：189.

第三章　策马扬鞭　以美立德

4. 一马当先，艺术救国

在抗日战争期间，徐悲鸿创作了大量歌颂中华民族伟大精神、中国人民智慧的中国画作品，即使是一鸡、一狮、一树、一石，都带着强烈的寓意，寄托着对光明、胜利的希望。他所创作的马更代表了忠实、勇敢、一往无前的品质和时代感情，具有强烈的感染力。[①] 心怀一个不可动摇的信念——为了中华民族的美术事业发奋学习，下苦功夫掌握西画的技巧、理解西方的美术理论。这样一位伟大的艺术天才，年少就显露出过人的天赋和超强的毅力。深受马的坚定执着、勇往直前的精神所洗礼，在遇到各种各样的艰难险阻时激励自己、鞭策自己，成了徐悲鸿一生的精神支柱、思想寄托。痴迷于马的徐悲鸿似乎从来都不知疲倦，追求进步的他一刻也没有骄傲，一刻也没有沾沾自喜，到日本、法国、德国等国家学习的徐悲鸿总是孜孜不倦地徜徉在图书馆、博物馆、美术馆，认真观摩、思考、请教，虚心学习，就像一匹永不知疲倦的奔马，奋勇向前。他胸怀祖国，情系民众，希望能通过自己的努力，改良中国画，唤醒中国民众。他要让自己强大，再引领祖国美术教育走向强大。

"艺术家即是革命家，救国不论用什么方式，苟能提高文化，改造社会，就是充实是国力了。欧洲哪一个复兴的国家，不是先从文艺复兴着手呢？我们不能把自己的责任看得过小，一定要刻苦地从本分上实干。"徐悲鸿一生的美术实践自始至终都坚守着五四文化精神，在广泛吸收、改良的基础上，建立了独立的、可以与西方平等对话的中国画体系，实现了艺术救国的理想。

二、改良勇者

1. 兼容并包，大胆改良

徐悲鸿笔下的奔马向来无羁无绊，傲骨嶙峋，自由洒脱，独具英姿，较古今中外的画马名家笔下的马，既有借鉴融合，又有继承发扬，中西合璧，独树一帜，既有传统中国画的写意韵味，又不失西洋画的严谨和理性，将严

---

① 徐冀.徐悲鸿论艺［M］.北京：人民美术出版社，2019：10.

谨的解剖、透视法加入写意的中国画中，所形成的奔马不仅骨肉兼具，而且神采飞扬、气度不凡。在画马上，徐悲鸿一改古人画马多以工笔静态描绘的方法，设色淡雅，精致细腻，采用形态写实的手法，将西方绘画严谨的解剖、透视法与中国传统绘画写意及书法韵味有机结合，尤其是书法的融入，"以魏碑兼草隶的笔意准确、凝练地勾勒出躯干，以极具古籀金石气的短而劲的线条奠定神韵之骨架，继而用浓淡有度的水墨，以类似西洋画的笔触融合传统绘画手法，将马的肌肉的质感以及骨骼的结构表现得既合物理、物情又合物态"。[①]

2. 大胆求变，贵在创新

徐悲鸿强调有造型根据的写实主义，他笔下的奔马桀骜不驯，无缰无绳，自由驰骋，飞扬的鬃毛和尾巴，还有刚劲有力的腿部和健硕的马背，使他的马给人一种要冲出画面的势不可挡的感觉。徐悲鸿画马主要采用没骨法，勾泼结合，大笔写意，把马的结构处理得非常准确，笔墨泼辣、酣畅淋漓，巧用泼墨法与积墨法，使画面协调统一。其他部分如马鬃、马尾，尤其运用书法飞白倍增飘逸飞动之灵性，逸气逼人，笔墨松灵，意到笔随，少用渴笔、焦墨而多用湿墨，甚至大笔泼墨出块面，酣畅而不失凝重，奔放而不乏精微，形神俱足，骨鲠刚劲，飘逸生动，轻重有度，浓淡相宜，气韵生动，极富笔墨韵味。他画马的成功，不仅仅在于素描功夫，而是国学与国画、西学与西画，亦是书法、雕塑、音乐、戏剧、木刻、剪纸等姊妹艺术共同汇聚的中国画经典之作，可谓博采众家之所长于一身。徐悲鸿不仅才华横溢，而且为人谦和、耿直，一心只为民族的振兴和发展，令人敬仰。同时，将传统笔墨的轻重、疾徐、枯湿、浓淡、疏密、聚散的节奏韵律，与笔墨写生、写实的造型性巧妙地合而为一，这也标志着中西融合的艺术理论和理想在创作实践中的最高成就。

[①] 王文娟.徐悲鸿研究·青春论坛：21世纪徐悲鸿研究及中国美术发展［M］.北京：文化艺术出版社，2019：213.

第三章 策马扬鞭 以美立德

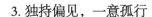

3. 独持偏见，一意孤行

徐悲鸿画马从来没有缰辔，有人疑之，答曰："马也和人一样，愿为知己者用，不愿为昏庸者制。我画马，其实也是牵着思想的马。只要出笔，便会情动于衷。""人不可有傲气，但不可无傲骨"是徐悲鸿一生的座右铭。在他的居室里，挂着一副"独持偏见，一意孤行"的对联。他从小镇来到上海，从中国闯到海外，最后成为中国乃至世界画坛的泰斗人物，凭的就是他一心想要学习画画的初心。为了这份执念，他像自己笔下不知疲惫的奔马一样，克服了所有的艰难险阻。初到上海时，黄震之曾评价徐悲鸿的奔马，粗看，好像草草而成；细看，却章法细密，构图巧妙，意新笔奇，寓意深刻，表现了画家对世道的反抗情绪和追求光明的信念。他画奔马就是在画自己，不甘心一生碌碌无为，他要反抗那些势利小人的冷嘲热讽，让所有人看到他的价值。徐悲鸿在世界各国学习绘画知识，他坚定要革新中国传统绘画，带领中国绘画走向世界，回国后组织教学，将自己学到的绘画心得一一传授给学生。

"独持偏见，一意孤行"还体现在他总是尽力满足劳动人民和爱国仁人志士的要求，而面对那些通敌卖国、阴险狡诈的势利小人，即使位高权重，徐悲鸿也不为所动，"不为五斗米折腰"。蒋介石曾经也想要一幅《奔马图》，张道藩前来请求，徐悲鸿断然拒绝了。而当勤劳朴实的劳动人民向徐悲鸿要《奔马图》时，他总是爽快地满口答应，然后记下名字，为他们一一作画。徐悲鸿为人谦和，热爱人民，崇尚正义，是一个期望帮助国家走向富强的有识之士，也因此，康有为、田汉、郭沫若、齐白石等仁人志士皆和徐悲鸿成了挚友。不论在任何情形下，他始终坚持自己的意志和立场，毫不动摇。

三、天马行空

1. 天马行空，乐观激进

从抗日战争到解放战争，再到抗美援朝战争，徐悲鸿的奔马激励了一批又一批前线战士冲锋陷阵、英勇奋战。他和鲁迅先生一样，是用笔作战的战士，虽然不在战场上，但他们会用手中的笔把敌人打得落花流水。徐悲鸿热爱自己的国家，热爱受苦受难的劳动人民和英勇奋战的战士，他的奔马，只为最可爱的人而作。1948年9月24日晚，收音机里传来人民解放军全面解放济南这一振奋人心的好消息。徐悲鸿顿时激动不已，画兴大发，挥笔画了一幅《奔马图》，以庆祝解放济南大捷，画上题跋："济南解放之际兴奋写之"。抗美援朝期间，徐悲鸿为在朝鲜半岛作战的中国人民志愿军画了多幅《奔马图》，激励战士们为保家卫国而英勇战斗。他从自己画的《奔马图》中，先后挑选了六幅送给了最可爱的人，并在一幅《奔马图》上写着："山河百战归民主，铲平崎岖大道平"。志愿军战士收到徐悲鸿的《奔马图》，兴奋地说："祖国人民热爱咱，给咱寄来了'千里马'。跨上千里马，冲锋陷阵啥也不怕……"

2. 思想奔马，悲天悯人

"痛感民族之不振。""为抗日烈士默哀。""人不可有傲气，但不可无傲骨。"徐悲鸿1941年所画的《奔马图》，画幅右侧有题词："辛巳八月十日第二次长沙会战，忧心如焚，或者仍有前次之结果之。企予望之。悲鸿时客槟城。"画中的马肌肉强健，腹部圆实，头略向右倾。他的奔马是雪中炭、救心丸，激励了一批又一批前线战士冲锋陷阵、英勇奋战。他和鲁迅先生一样，用笔作战。他认为对艺术家的成就判断，起码要具备三个方面：第一要有才能，第二要有情操和趣味，第三要有思想。那段战火连绵的时期，徐悲鸿的马承载了人们对胜利、对美好未来的向往，人们把美好的愿望寄托在徐悲鸿的奔马上，他也以自己能为国家贡献力量而感到骄傲，与劳苦群众同在，与前线战士同在。

3. 狂热浩歌，文化旗帜

徐悲鸿没有直接参与五四运动，但他与康有为、蔡元培等人的交往和其鲜明的美术主张、表现，他的艺术思想与毕生的艺术实践与五四文化精神是高度一致的。可以说，徐悲鸿是艺术领域当之无愧的五四旗手。徐悲鸿一生钟情于马，其中最能体现其文化人格的则是那脱缰而出、奔腾于莽原之上的奔马。徐悲鸿的奔马常以书法用笔画马首，以写实的素描方法表现马的躯干，形神相照，表现出一种昂扬、激越、坚韧的气质，不是万马齐喑的"凡马"，而是一马当先、笑傲于尺幅的"天马"。①徐悲鸿的奔马勇敢、无畏、洒脱、坚定，诚如徐悲鸿本人一样，受人尊敬和喜爱。他穷竭一生，只为能将中国画发扬光大，发展中国的美术教育事业，培养更多的有探索精神的艺术人才。他创作了大量反映民族精神的巨作，《奔马图》更让人民百姓直观感受到他那颗滚热的心和强烈的爱国热情，成为一个时代的文化旗帜。

① 王文娟.徐悲鸿研究·青春论坛：21世纪徐悲鸿研究及中国美术发展［M］.北京：文化艺术出版社，2019：205.

第四节　任务驱动型主题设计

对《徐悲鸿与奔马》采用单元化设计，以问题导航、任务驱动识读图像作为主要欣赏路径，以"以美育德"作为教学宗旨，通过对作品或视觉图式的构图、色彩、背景、艺术家、画种、创意、文化内涵等进行主题化识读，让学生经历收集素材、发现问题、逐步理解、探究意义、深度识读、情感融合、升华认同等学习过程，从介绍、阐释、剖析、领会、运用五个方面设计任务驱动，明确学习目标，在学习一开始就让学生围绕着问题积极思考，引导学生主动思考、收集素材、发现问题、解决问题，营造合作探究的学习情境，逆向探索和体验"像美术家一样创作"的过程，引导学生读懂、读透作品，从中获取审美认知和德育素养。

总体分四个部分即4学时进行设计，以任务驱动图像识读贯穿始终，以图像分层识读为载体，引导学生从初步感知、认识理解、阐释体会、运用临摹等方面，深入认识画家徐悲鸿，了解其作品《奔马图》的表现形式、创作方法、表达情感，从画家身上体悟其性格特征、人格魅力、家国情怀，从作品中认识徐悲鸿画马的精湛技艺、精妙的表现形式。

具体如表3-4-1所示。

表3-4-1　从作品中认识徐悲鸿的表现形式和思想感情

学时安排	任务驱动	预期目标	问题导学	学生活动	学情检测
	课前准备	课前收集有关徐悲鸿及《奔马图》的相关信息，初步认识画家及作品	徐悲鸿是一位怎样的画家？在中国绘画史上有哪些突出的影响？其绘画表现题材有哪些	通过网络、图书等了解相关信息，为教学做准备	完成导学问题

悠然「见美」

——任务驱动型图像识读落实立德树人教学策略探究

学时安排	任务驱动	预期目标	问题导学	学生活动	学情检测
第一学时	任务一：介绍	了解徐悲鸿的艺术人生	徐悲鸿《奔马图》描画了一个怎样的情境？徐悲鸿为什么对奔马情有独钟？他对马的认识是怎样的	讨论徐悲鸿的出生背景、性格特征，以及与马的秉性之间的关联性	分析、概括徐悲鸿的生平和艺术成就
	任务二：阐释	了解徐悲鸿笔下奔马的艺术性	徐悲鸿笔下的奔马与自然中的奔马一样吗？有哪些艺术特征？猜想画家是怎样绘制出来的，运用了哪些技能技法	深度识读《奔马图》，讨论奔马作品的绘制技法	初步感知徐悲鸿奔马作品艺术特征，并能初步使用美术语言进行阐释
第二学时	任务三：剖析	了解雕塑《铜奔马》、郎世宁《八骏图》等作品的历史背景、创作形式、表现效果等，总结与徐悲鸿笔下奔马的不同之处	徐悲鸿笔下的马奔跑的姿态与雕塑《铜奔马》中马的表现形式有什么不同？徐悲鸿笔下的奔马与郎世宁笔下的马在表现马的立体感上有什么不同	通过图像识读，深入了解不同作品的历史背景，从而剖析不同艺术作品的表现手法和思想内涵	说出徐悲鸿笔下马奔跑的姿态与雕塑《铜奔马》中表现形式的不同特点，与郎世宁笔下的马在表现马的立体感上的不同之处
第三学时	任务四：领会	进一步体会徐悲鸿通过奔马表达的思想情感	徐悲鸿曾说："我画马，其实也牵着思想的马。只要出笔，便会情动于衷。"这句话是什么意思？画家通过奔马表达了怎样的情感	收集徐悲鸿笔下千姿百态的《奔马图》，综合分析其艺术特征及表达的思想情感	选择徐悲鸿笔下的《奔马图》，撰写一篇欣赏短文，从表现形式、绘制方法、艺术魅力、思想情感、人文情怀等进行赏析
第四学时	任务五：运用	初步掌握画马的步骤，临摹一幅自己喜欢的徐悲鸿奔马作品	徐悲鸿在画奔马时有哪些基本的步骤？是怎样用泼墨的技法表现奔马的	熟悉画马的步骤，选择一幅自己喜欢的《奔马图》进行临摹，体会画家的创作热情	展示欣赏短文和临摹作品

案例

《徐悲鸿与奔马》教学设计

【教材解析】

《徐悲鸿与奔马》是浙美版六年级美术上册第1课内容，属欣赏评述领域。从教材体系结构看，属于单课与主题单元式相结合的学习内容，是培养学生从单课逐步向主题单元学习的一个过渡，内容由徐悲鸿简介、《奔马图》、自然中的奔马、铜奔马（雕塑）、画马步骤、郎世宁《八骏图》、学生作品、学习建议等组成。本课内容较为综合，既有对徐悲鸿大师的基本了解，对奔马作品的欣赏，对自然奔马、铜奔马（雕塑）、郎世宁《八骏图》与徐悲鸿奔马作品的对比赏析，又有造型表现的要求，临摹奔马作品，体会画家的创作情感。既可以作为单课的内容教学，也可以作为主题内容学习。

编者在选择《徐悲鸿与奔马》这一内容时，旨在让学生了解徐悲鸿奔马作品的艺术特征，体会画家通过奔马表达的情感。《奔马图》是艺术大师徐悲鸿笔下的一系列中国画作品，充分体现徐悲鸿的精神寄托和情感表达。徐悲鸿是我国现代伟大的艺术家，他笔下的奔马充满生命的活力和艺术的美感。教材中呈现了徐悲鸿的肖像和几幅奔马作品，旨在让学生在了解徐悲鸿生平及其作品的基础上，更进一步地感受与理解中国画艺术，引导学生通过观察生活中的马，赏析画家作品和水墨表现，鼓励学生大胆体验，感悟中国画的精神内涵。

中国画作为一种传统的绘画方式，文化内涵深厚、风格独特。徐悲鸿笔下的奔马无羁无绊，既有借鉴融合，又有继承发扬，中西合璧，独树一帜。既具传统中国画的写意韵味，又不失西洋画的严谨和理性，将严谨的解剖、透视法融入写意的中国画中，所形成的奔马骨肉兼具、神采飞扬、格调高雅、引人入胜。在引导学生学习的过程中，注重传统文化感受的同时，需融入《奔马图》现代精神的融汇、拓展，帮助学生在初步掌握传统水墨画技能技法和相关知识的基础上，以现代人的个性视角感受中国水墨画的神韵和魅力，激发学生对优秀传统文化的学习兴趣，提升艺术素养。从对《奔马图》

系列作品的深度识读过程中，体会画家所言"我画马，其实也牵着思想的马。只要出笔，便会情动于衷"，从而体会徐悲鸿大师高超的水墨技法和博大的爱国情怀。

【学情分析】

六年级以前的美术教材中已安排了《水墨游戏》《水墨画鱼》《泼墨画》《水墨人物画》《齐白石笔下的蔬果》等课程，让学生对水墨画用具的使用方法及水墨画的基本特点有所了解，能基本控制水墨线条的变化，懂得调配墨色的浓淡层次，会初步用水墨的基本技法做自由的造型练习。本课重在欣赏评述，剖析艺术特征，体会画家的思想情感。

【教学目标】

1. 让学生了解徐悲鸿的生平与艺术成就，感受徐悲鸿笔下的奔马的艺术特点与精神内涵。

2. 通过比较分析的方式，让学生了解徐悲鸿笔下的奔马与自然中的马、雕塑《铜奔马》、郎世宁《八骏图》不同的艺术特点。

3. 让学生以临摹或创作的方式画一幅奔马，体会徐悲鸿笔下的奔马所表现的强烈思想情感。

4. 提高学生美术观察、欣赏与评述能力，通过撰写欣赏短文，强化热爱祖国、热爱和平的情感。

【教学重点与难点】

重点：了解徐悲鸿奔马作品的表现方法和艺术特色。

难点：感悟徐悲鸿奔马作品的精神内涵。

【教学课时】

4课时。

【教学准备】

1. 教具：中国画工具、教学课件、奔马作品图片，导学单。

2. 学具：课前收集徐悲鸿的相关资料、中国画工具材料。

设计意图：本课采用主题化教学，以任务驱动型图像识读作为欣赏路径，以"以美育德"作为教学宗旨，通过对作品或视觉图式的构图、色彩、背景、艺术家、画种、创意、文化内涵等进行主题化识读，让学生经历收集素材、发现问题、逐步理解、探究意义、深度识读、情感融合、升华认同等学习过程，从介绍、阐释、剖析、领会、运用五个方面设计任务驱动，以问题为纽带，明确学习目标，在学习一开始就让学生围绕着问题积极思考，引导学生主动学习、收集素材、发现问题、解决问题，营造合作探究的学习情境，逆向探索和体验"像美术家一样创作"的过程，引导学生读懂、读透作品，从中获取审美认知和德育素养。

【教学过程】

第一学时

任务导学：课前发放导学单，让学生做好相关预习工作。

本节课的学习任务：一是简要了解徐悲鸿的艺术人生；二是了解徐悲鸿笔下奔马作品的艺术特征。

1.初识徐悲鸿

师：同学们，经过小学五年的美术学习，大家回忆一下，都了解到哪些祖国的艺术家？你印象最深的一位是谁？他画的什么作品最令你感动？

（根据学生的回答，随机呈现徐悲鸿自画像，揭示课题，明确学习任务。）

生：请同学们说一说对画家徐悲鸿的初步了解，交流课前学习情况。

设计意图：以任务导学的方式，让学生课前收集徐悲鸿的相关信息，强化学生自主学习、收集信息和处理信息的能力。学生带着问题学习，让学习有方向、有目标。从回顾了解的艺术家说起，为后面突出徐悲鸿独特的艺术特征和爱国情怀打下基础。通过学生交流，加强信息的融汇，形成对徐悲鸿的初步认识。

2.走近大师

师：同学们都从不同的角度对艺术大师徐悲鸿有所了解。现在请同学们观看一段视频，走近艺术大师徐悲鸿，去感受他不平凡的艺术人生。

（播放《中国文化名人——徐悲鸿》视频，让学生欣赏并进一步了解徐悲鸿的艺术人生。）

学生：根据课前预习的《徐悲鸿与奔马》了解相关信息，结合欣赏的视频补充信息。

简要梳理：自幼习画艰难求索，旅欧深造孜孜不倦，技融中西名垂画史。

设计意图：学生通过对徐悲鸿艺术人生的视频进行欣赏，直观、形象、生动、全面地了解徐悲鸿的生平和艺术成就，学生交流观后感，教师进一步引导、梳理、总结，让学生对徐悲鸿的艺术人生有整体、深入的了解，为接下来更好地欣赏、分析、体验徐悲鸿奔马的笔墨表现打下基础。

3. 聆听马嘶

师：人们一谈到徐悲鸿，自然会想到奔马，如齐白石画虾、李苦禅画鹰、黄胄画驴等，非常具有代表性，深受人民的喜爱。请同学们阅读下面的材料，你从中体会到了什么？

材料一：自小生活在南方的徐悲鸿很少见到马，而一旦见到马，那种喜爱就好像被迷住了一样。为了画奔跑的马，他需要观察马在运动中的雄姿和神态，因此常常跟在马匹或马车后面奔跑……徐悲鸿画马入了迷。在他睡觉的茅屋里，墙壁上挂着各式各样的画稿：奔跑的马、饮水的马、吃草的马、嘶鸣的马、单马、双马、群马……他如同生活在马的世界里。①

材料二：在中国文化的视野中，马是集忠诚、勇猛、无怨与驯良于一身的动物形象。徐悲鸿一生钟情于马，其中最能体现其文化人格的则是那脱缰而出、奔腾于莽原之上的奔马。徐悲鸿的奔马常以书法用笔画马首，以写实的素描方法表现马的躯干，形神相照，表现出一种昂扬、激越、坚韧的气质，不是万马齐喑的"凡马"，而是一马当先、笑傲于尺幅的"天马"。②

材料三：痴迷于马的徐悲鸿从来都不知疲倦，追求进步的他一刻也没有骄傲，一刻也没有沾沾自喜，到日本、法国、德国等国家学习的徐悲鸿总是孜孜不倦地徜徉在图书馆、博物馆、美术馆这些和艺术息息相关的地方，观摩、思考、请教，虚心学习的徐悲鸿在这些艺术结晶里获得了无尽的启发。③

---

① 王文娟.徐悲鸿研究·青春论坛：21世纪徐悲鸿研究及中国美术发展［M］.北京：文化艺术出版社，2019：212.

② 王文娟.徐悲鸿研究·青春论坛：21世纪徐悲鸿研究及中国美术发展［M］.北京：文化艺术出版社，2019：205.

③ 同①。

材料四：如果将徐悲鸿的"奔马"视作"代表一时代精神，或申诉人民痛苦，或传写历史光荣"的文化批评表征的话，我们就不难理解徐悲鸿在其人生不同时期所创作的"奔马"形象所蕴含的文化精神的一致性。[1]

生：认真阅读材料，从四个材料中总结徐悲鸿痴迷绘画、独爱奔马、勤奋好学、精神寄托等特征，对绘画的钟情和对奔马的独爱成就了徐悲鸿一生的梦想。

师：请同学们听听这声音，让你想到了什么？（播放奔马嘶鸣的声音，让学生想象万马奔腾、天马行空等画面。）欣赏现实生活中的奔马。

生：欣赏现实生活中的奔马后，说说有哪些特征。

设计意图：通过阅读材料，从字里行间初步感受徐悲鸿对奔马的痴迷，通过勤奋努力实现自己的梦想，激励学生心存梦想，并为之不懈努力奋斗。同时欣赏、比较徐鸿笔下的奔马与自然中的奔马的异同，体会徐悲鸿对自然中奔马的观察入微，通过水墨精彩的表现，充分彰显了"艺术源于生活，又高于生活"的哲理。

4. 识读《奔马》

师：我们对徐悲鸿的艺术人生有了初步的了解，对现实生活中的奔马也有了一定的认识，那徐悲鸿笔下的《奔马图》到底是怎样的呢？有哪些特征？是怎样绘制出来的？

呈现《奔马图》《八骏图》，请同学们欣赏。完成三个问题：一是奔马作品是一种什么绘画方式，运用了哪些基本的工具；二是从造型上看与自然的中奔马有什么区别；三是猜一猜他运用了哪些绘画技法。

学生：讨论三个问题，进行图像识读，从直观判断、对比分析到猜测想象，逐步引导学生走近作品。

设计意图：《奔马图》系列作品是中国独有的水墨画，让学生从自然中的奔马过渡到艺术作品，体会水墨画的独特魅力，特别是徐悲鸿充分融合西方写实技法，让《奔马图》跃然纸上。本环节让学生从绘画基本语言上进行

---

[1] 王文娟.徐悲鸿研究·青春论坛：21世纪徐悲鸿研究及中国美术发展［M］.北京：文化艺术出版社，2019：213.

识读，了解水墨技法。

5.课堂小结

师：本节课我们的学习任务是什么？请同学们回顾并梳理、总结。

生：回顾并梳理总结徐悲鸿的生平和艺术成就，初步感知《奔马图》的艺术特征。

作业：请同学们继续收集雕塑《铜奔马》、郎世宁《八骏图》等传统表现奔马题材作品的相关信息。

设计意图：学生树立任务意识，课前布置任务，课中执行任务，课后回顾总结，对学习过程、效果进行反思。

第二学时

任务导学：了解雕塑《铜奔马》、郎世宁《八骏图》等作品的历史背景、创作形式、表现效果等，与徐悲鸿笔下奔马进行对比分析，体会不同之处。

1.初识奔马动态

师：同学们，徐悲鸿笔下的奔马作品为什么深受人民的喜欢？有什么独特的地方呢？今天我们继续走近徐悲鸿的奔马作品。请同学们先欣赏一段视频，了解一下马奔跑时的动作、神态，马的造型结构有哪些特点？

生：欣赏视频，感受马的文化，重点引导学生观察马奔跑、静立的神态，如单马、双马、群马等。

设计意图：引导学生通过观看视频，观察马在奔跑时的各种动作、神态，让学生了解马的基本结构，特别是马奔跑时的四肢变化，为深入理解艺术作品奠定基础。自然中的马是学生比较熟悉的，能够直观地了解，易于接受。

2.赏析徐悲鸿奔马

师：我们从视频或图片中了解了奔马的动作、神态的千姿百态、丰富多彩，那徐悲鸿笔下的奔马呢？请同学们欣赏作品，认真观察，徐悲鸿的奔马都有哪些动态？展现了怎样的场景？

提示：欣赏徐悲鸿奔马系列图，结构严谨，用笔纵放淋漓，把马的形体表现得十分强健而丰腴，无羁无绊，傲骨嶙峋，自由洒脱，独具英姿，纵横驰骋，气势磅礴，观之使人倍感精神振奋。

设计意图：单独对徐悲鸿系列《奔马图》作品进行感知欣赏，体会徐悲鸿是一个用心用情的人，把奔马表现得鲜活无比。明白他的奔马作品为何深受人们喜爱的原因：一方面奔马的动作、神态丰富，有欣赏的价值；另一方面更是一种积极向上的精神寄托，观之令人振奋。

3. 对比分析

师：刚才了解了徐悲鸿笔下的奔马动态、神态，确实令人振奋，让人着迷。那我们再来欣赏两幅同样表现奔马的作品雕塑《铜奔马》和郎世宁《八骏图》，有什么不同？

学生：阅读雕塑《铜奔马》和郎世宁《八骏图》介绍材料。

铜奔马：别称马踏飞燕、马袭乌鸦、鹰掠马、马踏飞隼、凌云奔马、马超龙雀等，为东汉青铜器，1969年10月出土于甘肃省武威市雷台汉墓，现藏于甘肃省博物馆。铜奔马通高34.5cm，长45.0cm，宽10.1cm，是东汉青铜艺术的杰出代表，现已成为中国旅游标志，成为中华民族向外展示中华传统文化的代表。奔马体态健美，昂首扬尾，张口嘶鸣，以少见的"对侧快步"的步法向前奔驰，三足腾空，右后蹄下踏着一只飞鸟。飞鸟展翅回首，支撑着奔马，并成为器座。马头小而俊朗，脖颈长而弯曲，前胸宽厚，躯体粗实，臀部浑圆，四肢修长，完全是通常所说千里马的标准，又是当时人们相马的式（示）范。奔马蹄下踏的飞鸟，展翅欲飞正惊愕地回首反顾，恰恰与微微左倾的马头相呼应，一切都发生在瞬间，却给人以无比宽阔的想象空间。中国古代匠师运用现实主义与浪漫主义相结合的艺术手法，以丰富的想象力、精巧的构思、娴熟的匠艺，把奔马和飞鸟绝妙地结合在一起，以迅疾的飞鸟衬托奔马的神速，不仅造型生动活泼，而且巧妙地使奔马的重心集中在蹄下的飞鸟上，将奔马的奔腾不羁之势与平实稳定的力学结构凝为一体，它所具有的蓬勃的生命力和一往无前的气势，更是中华民族的象征。雕塑铜奔马如图3-4-1所示。

图3-4-1　铜奔马

郎世宁《八骏图》：江西省博物馆收藏郎世宁所绘的《八骏图》卷，绢本设色，纵52.7cm，横92.0cm。画中八匹骏马姿态各异，或立，或跪，或卧，有的相依为伴，有的相互缠绵，各具情态，一派恬静闲适的情景。作者对马的解剖结构、肌理构造是相当熟悉的，如同西画画人物时必研究解剖学。他按素描的画法，先用中国技法淡墨渲染、皴擦，再用色彩层层渲染、皴擦，利用色彩的深浅、明暗的对比，突出马的凹凸肌理、皮毛质感，然后用极细的碎笔画毛鬣和尾鬃，细而不乱，多而不杂，用写实手法，造型准确，比例恰当，凹凸立体。画面大量的留白（无任何背景，是郎世宁画中所少见的），把一匹匹肥壮圆润、肌肉丰盈、四肢有力的马的形象展现在人们的眼前。郎世宁实为画马高手。

学生汇报交流：学生通过观察、比较、分析徐悲鸿笔下的奔马与雕塑《铜奔马》、郎世宁《八骏图》的异同。

梳理：欣赏雕塑《铜奔马》，感受古人如何将马踏飞燕这一惊心动魄的刹那表现得淋满尽致，以烘云托月的手法，反衬出奔马的神俊，设想奇绝，堪称现实主义与浪漫主义相结合的千古绝唱。

欣赏郎世宁《八骏图》局部，让学生了解马的形体结构、皮毛质感、体积空间，感受西方画与中国画用线用墨传统结合，以及中西绘画手法的完美融合。

设计意图：让学生阅读介绍材料，对作品进行基本的了解，为后面对比分析打下基础。雕塑《铜奔马》与郎世宁《八骏图》同样是表现奔马题材的作品，表现形式不同，表达的效果也就不同，但他们都是艺术珍品。需着力引导学生进行分析比较，感知不同表现形式呈现的效果不同。

4.技法探秘

师：同学们，我们一起欣赏了徐悲鸿《奔马图》、雕塑《铜奔马》、郎世宁《八骏图》，现在请同学们再细品作品，说说他们表现奔马的技法有哪些不同之处？

生：讨论并总结徐悲鸿与郎世宁在表现技法上的异同。

徐悲鸿：徐悲鸿的奔马一改古人画马多以工笔静态描绘的手法，主要采用没骨法，勾泼结合，大笔写意，把马的结构处理得精准逼真，笔墨泼辣、酣畅淋漓，巧妙地运用泼墨与积墨，使画面协调统一，既有西方绘画严谨的解剖、透视效果，又充分彰显了中国画独特的水墨韵味，同时融入书法，践行"书画同源"。用笔准确、凝练，以极具古籀金石气的短而劲的线条画出马的骨架，继而用浓淡有度的水墨，精巧地表现出奔马的肌肉质感、奔跑神态和情绪情感。

郎世宁：郎世宁（1688-1766）原名朱塞佩·伽斯底里奥内，意大利米兰人。年轻时在欧洲学习绘画，有很深的绘画功底。他一直向往东方文化，于清康熙五十四年（1715），作为天主教的修道士来中国传教，擅长画肖像、花果、走兽、翎毛、历史事件，最善画马，这是他作品中出现最多的题材之一，获康熙皇帝召见入如意馆。康熙皇帝注重西洋艺术，一些外来的西方传教士以绘画供奉内廷。郎世宁于是在中国开始了长达五十多年的宫廷画家生涯，历经康熙、雍正、隆乾三朝。他把西方的油画技术带到中国，在一定程度上为中西文化交流作出了积极的贡献。中国画运用线条和墨色的变化，以各种技法和留白等表现手法来描绘物象与经营位置，讲究平面物的表现，取景布局，视野宽广，不拘泥于焦点透视，讲究意境深远，比西画更精深；而西画以透视和明暗方法表现所绘物象的体积、质感和空间感，并要求表现物体在一定光源照射下所呈现的色彩效果，力求"肖似真物"。这是中西文化的差异体现。郎世宁身为宫廷画家，作画题材由皇帝指定，必须符合中国人的审美标准。于是他仔细研习中国画的绘画技巧，大胆探索西画中用的新

路，借中国绘画工具，流畅的墨线运用，工整细致的渲染、皴擦，无与伦比的颜色搭配，中西合璧，创立了自己独特的画风。在他的作品中，既展现了浓厚的欧洲绘画风格和情调，又表现出院体工笔的华丽和细腻，确立了他宫廷画师的地位，深得皇帝及满族贵族的青睐。

设计意图：观察郎世宁《八骏图》中马不同的姿态与雕塑铜奔马中马的姿态，感知动态美。根据中国画制作技巧、笔法，可以分为工笔、写意和兼工带写。分析郎世宁的《八骏图》属于工笔画，工整细致，徐悲鸿的《奔马图》属于写意画，饱酣奔放。徐悲鸿借马以言志，抗日战争期间，他画马以抒发杀敌救国的热情，中华人民共和国成立后，他笔下的马矫健英武、豪气逼人，意在激励人民建设祖国、勇往直前，有一马当先、万马奔腾之势，是新中国形象的写照。通过对比分析，感受徐悲鸿对中国传统绘画的改革精神。

5. 课堂小结

师：本节课我们的学习任务是什么？请同学们回顾并梳理、总结。

作业：请同学们继续收集徐悲鸿奔马系列作品，想想"我画马，其实也牵着思想的马。只要出笔，便会情动于衷"这句话的意思。

设计意图：采取任务驱动、层层推进的办法，让学生思考和发现，形成有目的性的学习习惯。让学生总结梳理，就是要让学生把收获表达出来继而得以巩固深化。

第三学时

任务导学：深度识读徐悲鸿奔马系列作品，进一步体会徐悲鸿通过奔马表达的思想情感。

1. 猜价识宝

师：同学们，根据不完全统计，徐悲鸿一生创作的作品并不多，大概有3000余件存世，现在徐悲鸿纪念馆珍藏的约1200件。他每一件作品的诞生都不容易。他曾说："我喜欢画动物，皆对实物用过极长时间功力，单画马，速写稿不下上千幅。在创作每件作品之前，都会起稿数十次。"他的每一件作品都是珍品。那同学们来猜猜，他的这幅作品《春山十骏图》价值多少呢？

生：看图猜价。

揭晓：《春山十骏图》算是徐悲鸿先生留存至今的画的马匹最多的一幅了。画面中一共有十匹马，生动形象，神态跃然纸上。这是徐悲鸿先生为了参加美国举办的中国现代第一流画展而创作的，意义非凡，价值不可估量，经过多次拍卖价格达到1.05亿元。

师：为什么会拍出如此高昂的天价呢？你认为原因有哪些？

梳理：一是存世仅见的十匹马，见到徐悲鸿画三马、五马的作品已经不易，而这幅《春山十骏图》是至今从文字资料中所知的唯一一件；二是十四马形态各异，奔跑、跳跃、翻滚、饮水，马的形态被表现得淋漓尽致；三是背景丰富，作品中展现的是春日山坡，绿意盎然，一派生机。该画大小为33.8×179cm，留有"悲鸿"二字钤印，题跋为"四皓九老七贤会，此幅应为八骏图。多写几驹来凑数，其中驽骀亦全无。曼士二哥一笑，卅年秋，弟悲鸿。"从1925年到1942年间，徐悲鸿曾多次到新加坡，都是住在黄家的江夏堂，为黄曼士画了百余幅画作。当时徐悲鸿画得最多的就是马，时有"万马奔腾江夏堂"之称。这万马之中，有立马、奔马、饮马，但群马却不多，十骏则更为稀罕。

设计意图：从徐悲鸿《春山十骏图》的拍价开始，让学生直观感受作品的价值不可估量。同时这幅作品参展过美国举办的第一流画展，意义非凡，代表着中国的绘画水平，彰显着中国水墨画的独特魅力，能让世界重新认识中国画。为进一步理解徐悲鸿对中国画的改革和满腔热情作铺垫。

2. 读款悟意

师：在徐悲鸿存世的作品中，多幅作品都拍出了天价。再看这一幅作品《天马行空》，请同学们谈谈这幅作品给你怎样的感觉。

生：欣赏作品并谈谈感受。

背景：这幅画中的奔马，拍价7192万元。马从远处飞奔而来，意气风发，充满着鼓舞人心的力量。这正是徐悲鸿先生的真实写照。细读题跋："辛巳八月十日第二次长沙会战，忧心如焚，或者仍有前次之结果之，企予望之，悲鸿时客槟城。"你从领会到什么？"忧心如焚"体现了画家怎样的心情？在艺术表现上，展示了一种怎样的期盼？

第三章　策马扬鞭　以美立德

设计意图：中国画将诗书画印有机结合，呈现出独特的画面效果。其中题跋也特别讲究，常常体现画家作画的意境、背景、所属、心境等。让学生阅读此作品中的题跋，从中体会徐悲鸿忧国忧民的爱国情感。他用《奔马图》唤醒、振奋着人民群众。

3. 欣赏《奔马图》

师：徐悲鸿笔下的奔马，可谓千姿百态、精彩纷呈。现在咱们欣赏一组《奔马图》。课件展示作品。

生：欣赏作品。

引导：徐悲鸿的奔马，被赋予了旺盛的生命力、感召力，给当时的中国画坛带来了清新、有力、刚劲的气息。他借马抒情，寄托忧国忧民的爱国情怀，表达了中华儿女励精图治的奋斗、拼搏精神。

设计意图：注重学生的视觉感知，通过呈现多幅奔马作品，辅之以教师的介绍引导，让学生想象在那个战火纷飞的年代，人民过着贫穷落后的生活，徐悲鸿是怎样用手中笔作为武器与一切黑暗战斗的，切实感受奔马精神。

4. 思想之马

师：徐悲鸿曾说："我画马，其实也牵着思想的马。只要出笔，便会情动于衷。"你是怎么理解这句话的？画家通过奔马表达了怎样的思想感情？

生：同桌讨论"牵着思想的马"是什么意思？

引导：徐悲鸿以马为友、以马抒怀，用泼墨写意、兼工带写塑造了千姿百态的马，借马寄托自己的悲哀、忧郁、希望和欢乐，笔下的马成了思想的"马"，"活"了起来，成为艺术史上举世无双的马。在那段战火连绵的时期，徐悲鸿的马承载了人们对胜利、对美好未来的向往，成为精神引领。"牵着思想的马"可从三个方面引导：一是创作技能技法上的创新和表现，需要大胆改良的思想认识；二是奔马题材所蕴含的思想内涵，需要精深挖掘和精准造型表现；三是如何将自己的艺术追求、艺术思想融入创作中，从而展示出独特的艺术效果。

设计意图：理解"牵着思想的马"，就是要让学生从中明白一个道理：任何一件作品的诞生，都是源自艺术家苦心经营、满腔思想和强烈的表达欲望。"牵着思想的马"说明徐悲鸿是一位有思想准备、有正确信念、有家国情怀的画家。他要表现的奔马一定是代表着他的人格魅力和精神世界的。讨论这一话题,让学生感受画家的创作心路历程,逆向思考,追溯创作,体验过程。

5. 练笔抒情

师:同学们,我们从初步了解徐悲鸿到深度欣赏他的奔马作品,让我们无不感怀、无不钦佩,为祖国拥有这样的艺术大师而自豪。我们也赏析了雕塑《铜奔马》和郎世宁的《八骏图》,真切感受到中国水墨画的无穷魅力,更为徐悲鸿对中国画的改良心怀敬意。现在请同学们选择一幅作品,整体分析徐悲鸿奔马的表现形式和方法,撰写一篇欣赏短文或给徐悲鸿纪念馆写一封信。

生:欣赏奔马作品,撰写欣赏短文。

设计意图:文字与图像的表达各有魅力,让学生透过作品写下欣赏的文字,是一个提升学生眼界、思维、情感的过程,在用文字表达的同时,更加能突出学生的认知水平。把"画"说出来,就是在培养学生的欣赏能力。"只可意会,不可言传"的欣赏,在某种意义上其实是无效的欣赏。

6. 短文展示

师:同学们用心感受,用情表达,一定有许多想说的话。现在请同学们将自己撰写的欣赏短文朗读给全班同学听,共同交流一下彼此的想法。

(展示欣赏短文。)

小结:请同学们回忆一下,本节课的任务是什么?学到了什么?为了更加深入地体会徐悲鸿奔马的精神,请同学们准备水墨画工具和材料,临摹一下大师的作品。

设计意图:恰当的展示能提振学生学习的自信,激发学习兴趣,能促进学生间相互交流和思维的碰撞,有利于学生的深度学习和多元思考。让学生展示撰写的欣赏短文,一方面可检测学生的学习情况,另一方面可帮助学生梳理知识。

第四学时

任务导学:初步掌握水墨技法,临摹一幅自己喜欢的徐悲鸿奔马作品。

1. 技法猜想

师：同学们，老师为同学们带来一批墨宝，现在请大家自选一幅。每个同学拿到作品后，对照教材中"画马步骤"的内容，想一想你手中的作品是怎样绘制出来的。

学生：欣赏作品，在作品下方写出具体步骤和方法。

（师生交流互动，探讨画马步骤。）

设计意图：通过欣赏实物作品，让学生产生敬畏感。通过前面的学习，学生对徐悲鸿及奔马作品有了一定的了解，探讨作品是怎样被画出来的，揣摩画家的绘画路径，加深对作品的理解。

2. 笔墨尝试

师：在进行水墨画创作时，一定要注意墨的浓淡、干湿，使画面协调、美观。请同学们试着在纸上感受一下墨的变化，分别画出浓淡、干湿，既有点面的表达，又有线的尝试。（教师巡视指导。）

学生：动手尝试。

设计意图：虽然在小学阶段，学生已学习过用水墨表现的方法，但学生真正的水平未必良好。让学生认识墨的浓淡、干湿的变化，其实就是让学生熟悉工具，掌握基本技法。

3. 步骤示范

师：出示徐悲鸿画马步骤图，分步讲解怎样用笔用墨，在讲解过程中按步骤进行适当示范（或微课呈现），从而让学生快速理解并运用到临摹中，加强对水墨技法的直观感受、理解与把握。

徐悲鸿将绘画细分为七个步骤："一曰定物位，二曰正动作，三曰察明暗，四曰求神情，五曰研结构，六曰得其和，七则求作法。至五、六、七步，个人精神渐以展舒，知所取舍而自成体。"自精研造物之结果而个人之性格得以完具，因得借其功能，创造艺术……夫果不善培养不熟，人不学无成……强调造型精准、明暗和谐的写实主义，"若夫光暗之未合，形象之乖准，笔不足以资分布，色未足以致调和，则艺尚未成，奚遑论美！"

欣赏同龄人作品，让学生感知多样的表现形式，精妙的用笔用墨，开拓学生的眼界，进一步加强学生对奔马的理解，以及艺术表现的方法性和创造性。

设计意图：采取局部示范的方法，重点是让学生感受水墨的浓淡、干湿的变化，感受徐悲鸿吸墨如金、浓淡相宜、造型精确的精湛技艺。对同龄人作品的欣赏，重在开阔学生的视野，提振学生的自信，鼓励学生大胆表达，不拘泥于造型的准确，要在体验和表达上下功夫。

4. 学生临摹

师：刚才每个同学都选了一幅墨宝，现在请同学们以自己手中的作品为参照，大胆表现，临摹一幅奔马图画，或者自己展开联想，画出心中的奔马。

（教师巡视指导。）

设计意图：体会徐悲鸿的奔马精神，通过了解画马步骤，欣赏同龄人作品，教师进行现场示范等环节后，让学生大胆表现，在学生临摹的过程中，教师巡视适当指导，有利于加强学生的理解和把握，增强学生的造型表现能力。

5. 展示评价

师：请画好的同学把作品展示出来。教师和学生拼组作品，呈现出万马奔腾的水墨奔马场景。

生：介绍自己的作品，在自我评价的基础上，通过学生相互评价与教师点评相结合的方式来加强对作品和奔马精神的理解。

设计意图：作品的展示、评价、感悟、小结等，注重教学的推进和升华，使学生的审美感受从艺术到情感、从作品到主题、从具体到精神，使学习获得拓展与提升，延展教学的空间，生发学习的可能性与无限性。

6. 拓展延伸

师：徐悲鸿的奔马系列作品，只是他艺术作品中的一部分，他还有很多国宝级的作品，如《田横五百士》《徯我后》《狮吼》《奴隶与狮》《九方皋》等。他创作了大量反映民族精神的巨作，让人民群众直观地感受到他那颗滚热的心和强烈的爱国热情。同学们课后继续收集徐悲鸿的作品，深入理解一个艺术大师的精彩和博大。课后可做更多的学习和尝试，如用浮雕的方式雕刻《奔马图》，表现奔马精神。有条件的同学可节假日去徐悲鸿纪念馆参观。

设计意图：徐悲鸿是20世纪中国美术史和美术教育研究领域的重要命题，内容丰富，精彩纷呈。他的奔马作品仅是冰山一角。引导学生开阔眼界，激发对徐悲鸿大师的学习兴趣，让学生了解更为博大的徐悲鸿世界，提高学习、审美能力，培养学生对中华优秀传统文化的热爱。

第五节　策马扬鞭　以美立德

在人的德智体美劳全面教育中，美育的作用最特殊，以其特有的审美情感机制，帮助人走向情感和谐，实现道德内化、升华。在"五育并举"中，德育突出政治启蒙和价值观塑造；智育着力培养认知能力，促进思维发展，激发创新意识；体育坚持健康第一，增进健康、增强体质、发展体能；美育提升审美素养，增强文化理解；劳育具有树德、增智、强体、育美的综合育人功能。这五者彼此独立，又相互渗透、融合，就像五角星一样，在确保整体的基础上各有侧重，但绝不彼此孤立，全面发展素质教育。

立德，意思是树立德业，是个人的修为，也是人存在的根本。只要尽到个人的本分，即有德行的光辉呈现。如何在美术教学中落实立德树人根本任务，是美术教育工作者的使命担当和历史责任。

檀传宝教授认为，审美活动具有储善性、导善性、立善性，具有既审美又修身的内在性，又有向善的一面，世界上并无脱离真和善的纯粹、绝对的美和审美活动。如果说审美活动的储善性提示了审美活动导善性的可能，导善性揭示了现实性，立善性揭示了审美活动现实的育德意义。[1]

通过对《徐悲鸿与奔马》一课进行主题化教学设计与教学实践，让学生切实感受以美立德的现实意义。

---

[1] 檀传宝.德育美学观［M］.北京：教育科学出版社，2008：105-108.

一、耐心观察彰显习惯"美"

我国一直在倡导过程育人，因为过程中蕴含着实践、思考、体验等。美术学习或美术教育，就是要将其作为发现美的过程，更准确地说，是教会学生会看事物，从视觉角度去观照对象，并从中感知到"美"。凡·高说："真正的画家是受心灵指导的，他们的心灵，他们的头脑，并不是画笔的奴隶，而是画笔听从心灵和头脑的指挥。"这里的"美"，或许是图像的，或许是语言的，或许是行为的，或许是情绪的，这是美术学习的基础。能感知事物的形、色、声、味、态的个别性，整体把握事物的状况，从而为美术表现提供直觉经验。单从视觉艺术的角度看，学生能进一步感知事物的造型、明暗、大小、虚实等，能转化为具有个性情感的视觉作品，则完成了发现的过程。在这个过程中，学生能唤起已有的美术经验，并在此基础上叠加，不断强化和丰富视觉认识，提高眼睛看的能力、心灵感知的能力。

让认真"看"成为一种习惯。善于观察发现本身就能成为学习品质和成长的动力，更何况是美术。如果一个人对身边的万事万物都熟视无睹，毫无兴趣，甚至低沉反感，何来发现，何来美呢？在教学中培养认真、耐心观察的品质，是提升图像识读能力的基础，通过对图像进行分层、任务驱动识读，提高识读效果。有了耐心观察、发现"美"的习惯，定会促进学生个人良好品性的形成和发展。

二、识读奔马传承国粹"美"

我们常常惊讶于艺术家创作的一幅幅作品，不知他是从何处画起、采用何种方法等，为他们精彩绝伦的技能技法叫绝，更为他们精妙的构图、丰富的内涵所折服。特别是欣赏大师的作品，除了敬佩，时常还会产生距离感，因为无论是视觉的悬殊还是技能的差异，都会产生畏惧，当这样的情绪积累得越来越多，只会让学生越来越远离，甚至逃避，无法对话、无法交流、无法共鸣。在一些美术展览或美术馆，时常会有人快速穿梭，而少有停下来细细捉摸的人，为何？我想，欣赏者自身的修养水平决定了参观的质量，于是美术似乎变得非常神秘。同样，在教学中，学生到了高年级，其表达欲望直线下降，甚至不愿绘画，因为他们的欣赏水准与实际的手上功夫相差较大，致使其失去了兴趣。

采用任务分层设计，循序渐进识读图像的办法，让学生掌握识读的技巧和方法，让学生在欣赏大师作品时更加自信，与大师对话、与作品对话。在《徐悲鸿与奔马》教学中，通过认识徐悲鸿、了解其艺术人生路、感知时代背景、分析创作意图等，将马的自然属性与他笔下的奔马有机契合，通过分析对比，认识中国传统水墨画独特的表现形式和迸发的无穷魅力，这是人民群众特别喜爱的美术表现形式之一。学生在全面了解时代背景和充分走近徐悲鸿的基础上，深度识读《奔马图》，从而发自心底敬佩大师、敬畏国粹。将这种情感慢慢植入到学生的成长过程中，促进学生形成正确的价值观念和文化认同，继承和发扬传统文化。

有了情感积淀，自然会激发兴趣。在美术教学中，学生学会基本的图像识读方法是提升审美能力的关键。在倡导大概念引导教学的当下，如果通过引导学生观察、感知、体验、思考、探究、创造和评价等，从而让其喜欢美术、爱上国粹，那美术教学至少成功了一半。

三、真情表现突出人性"美"

我国美术教育一直在倡导并追寻让美术学习成为一个个性化的过程，鼓励学生认真与内心对话、与环境对话、与线条对话、与色彩对话，用图像表现内心真挚的认知、情感、思考、理解。凡事用心，定会收获精彩。美术表现与心灵、大脑、眼睛相关，大胆、真挚的美术表现，会激发更多的创造潜力，表现更多的"美"。

在引导学生理解"牵着思想的马"时，学生表现得很棒。他们根据自己的认知和对徐悲鸿及奔马的了解，各抒己见，积极表达，说出了自己的心声。例如，徐悲鸿以奔马抒写爱国热情，激发青年志士直面现实、勇于拼搏；思想是一个人的灵魂，是决定一个人行为的关键，徐悲鸿"牵着思想的马"，决定了徐悲鸿绘画作品的精神高度和人格魅力；等等。引导学生正确识读奔马，深刻理解奔马精神，并内化为自我认知，促进学生文化认同感的习得和价值观念的建构。

111

让学生临摹喜欢的徐悲鸿《奔马图》作品时，虽然技能表现稚拙，但从中可看出学生灵动的艺术表现，奔马的动态、神情以及来自学生自我的表述，真切地展现着人性之"美"。学生临摹徐悲鸿《奔马图》作品如图3-5-1所示。

第三章　策马扬鞭　以美立德

图3-5-1　学生临摹徐悲鸿《奔马图》作品

四、理解内涵强化胸怀"美"

美的表现形式纷繁复杂，但在进行审美体验时，每个人都会表现出个性化的好恶。直白地说，喜欢或不喜欢，这是每个人都会有的情感。不管是油画、国画还是雕塑，每一种表现形式都独具美感；不管是西方画家还是国内大师，每位画家都有他独立的绘画语言，这些独特的绘画语言建构起画家独特的绘画风格。

美育是塑造健全人格、培养审美品质的教育。需从美育的功能入手，引导学生树立兼容并包、百花齐放的审美认知。换个视角看作品，定会收获别样的体验。黄宾虹山水画的繁密、潘天寿作品的极简、徐悲鸿的中西融合、齐白石的红花墨叶等，引导学生徜徉在种种美的表达图式中，领略画家独特的艺术魅力。这时需要体验、沉浸、静观，而不是单纯地判断是非、美丑。如果一个人能有这样的审美胸怀，那定会饱览美的世界，不断凝练、升华属于自己的审美认知和判断，那样的美或许更高雅别致，或许更独立放彩。

学生在对比识读徐悲鸿《奔马图》、雕塑《铜奔马》、郎世宁《八骏图》等作品时，积极了解雕塑、水墨画、工笔画等不同画种的表现形式与视觉效果，了解画家的创作背景及现实意义，开阔学生识读图像的视野和胸怀，提升文化认同感，同时强化学生对徐悲鸿独特的表现形式和艺术魅力的理解。对比产生距离，对比强化彼此。这样开放、极具个性情感理解的识读，是培养学生正确审美态度和胸怀的关键。

五、自信奋进涵养德行"美"

2021年4月19日，习近平总书记到清华大学美术学院考察时说："美育是审美教育、情操教育、心灵教育，能提升学生的审美素养、激发创造活力。从细处讲，美育可以引导青少年发现美、理解美、追求美，让美的精神融入日常生活；从大处说，美育关乎青少年人格的养成、灵魂的塑造，关乎人民群众坚定文化自信。"教育的根本任务是立德树人，美育的最终归宿也是立德。

徐悲鸿以全新的思维理念，融合中西文绘画元素，经过长期实践，形成独具风格的奔马，昂扬、奔放、蓬勃，极具视觉冲击力、精神感召力，具有强烈的时代奋进精神，与时代脉搏紧紧相连，为祖国、为民族的命运扬鬃奋蹄、驰骋嘶鸣，每个人识读后都会深受感染、得到启发，从而深得人心。学生通过分层识读，在逐步理解其内涵后，体悟画家徐悲鸿的爱国情怀和报国热情并内化。这样深度的识读，学生会烙印上奔马精神，激励文化自信，培养爱国情感。

"美育是指审美教育或美感教育，它是指依据一定的美学价值观，对个体的人与社会进行教育与熏陶，培养人们正确的审美观念和欣赏美、创造美的能力，引导人们按照美的规律来塑造自己的美好心灵，最终达到造就完美人格的一种特殊教育。从本质上说，它是一门人类自身美化的科学。具体来说，美育主要有如下显著特点：情感性、形象性、愉悦性、人文性、渗透性。"[1]徐悲鸿与他笔下的《奔马图》就具有这样的美育特点，对培养学生的

---

① 许冬玲.论美育的特点及其德育功能［J］.云梦学刊，2004（1）：86-88.

第三章 策马扬鞭 以美立德

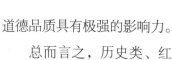

道德品质具有极强的影响力。

　　总而言之，历史类、红色革命类、祖国颂歌类、时代楷模类、先驱英雄类等绘画题材被选入教材，隐含着以美立德的价值追求，既要从美术专业角度识读图像，又要从立德层面读出精神引领。这样的例子在美术教材中不胜枚举。要求美术教师在教学中寓教于乐，把识读体验组织得绘声绘色，潜移默化；寓德于情，将图像中的德育因子巧妙地植入学生心灵，润物无声，使美术学习成为德行养成的途径之一，使学生的思想得到提升、行为得到净化、人格得到完善。

第四章

关注过程　悠然"见美"

李力加教授提出，实施美术教育，经历思维生发的过程，经历逐步理解的过程，经历探寻意义的过程，经历深化认识的过程，经历情感体验的过程，经历心境升华的过程。关注学生的认知、体验、发现、提升等审美涵养过程，着力于"见美"的过程性。滴水穿石、冰冻三尺，强调过程，从经历中成长。审美素养的培养，需要一个"见美"的过程。

"见"字在新华字典中有6个释义：一是看到，二是接触、碰到，三是看得出，四是指明文字、图表等的出处，五是会见、见面，六是对某种事物的看法或观点。

在面对视觉图像或美术作品时，一是凭直觉思维看到图像，是眼表层，不会有太深的记忆，如走马观花；其次是主动接受，特别是在看到触动心灵的图像时，一般会有审美情感，唤醒主动意识；三是图像被完全接纳时，观者往往会更加专注于图像，并以欣赏性的眼光去欣赏作品或视觉的表达形式、色彩等美感，与已有审美经验对接，丰富已有认知，会主动接近；四是审美对象完全融入观者的心灵，引发内心的激动、情感的亢奋，如同朋友"见面"，会唤醒更多的思维和情绪；五是心领神会，已达到理解性的审美，主体已对视觉图像有了更深层次的理解，能清楚地阐述对图像的看法或观点。这样一个循序渐进的"见"的过程，正是美术教学所要关注的。

第一节　教育之美在路上

家庭教育专家陈建翔在《美育是教育的一种境界》一文中指出，教育中存在着三个层次的美：第一个层次是教育手段美，第二个层次是教育活动美，第三个层次是教育产品美。《逃家小兔》这个故事就隐藏着这三个层次的美，也证明了教育之美永远在路上。

《逃家小兔》是玛格丽特·怀兹·布朗的绘本作品，这个故事被称为"一场关于母爱的捉迷藏游戏"。故事大致是这样的：

一只小兔要离家出走，于是他对妈妈说："我要逃走了。"

妈妈说："你要是逃走了，我就去追你，因为你是我的小宝贝呀！"

"如果你来追我，我就变成溪里的小鳟鱼，游得远远的。"小兔说。

"要是你变成溪里的小鳟鱼，我就变成捕鱼的人去抓你。"妈妈说。

"如果你变成捕鱼的人，我就要变成高山上的大石头，让你抓不到我。"小兔说。

"要是你变成高山上的大石头，我就变成爬山的人，爬到高山上去找你。"妈妈说。

就这样，小兔先后变成了小花、小鸟、小帆船、马戏团里的空中飞人、小男孩；而妈妈先后变成了找小花的园丁、让鸟停的树、吹小帆船的风、在半空中走钢索的人和正好抱住小男孩的妈妈。

故事以儿童的生活为根源，情节简单，给读者留下了丰富的阅读体验和想象空间。作品采用对话的描写方式，妙趣横生，活灵活现地表达了儿童的顽皮可爱和妈妈的宽厚温暖。小兔的出逃、调皮、梦想、独立甚至叛逆等，揭示出一个孩子成长的心理轨迹，想脱离母亲的怀抱，急切地渴望独立和成

119

长，对外部世界充满好奇，极具尝试和挑战的意识。妈妈面对如此淘气的小兔，从容不迫、不顾危险、机智巧妙、宽容大爱，充满了永恒不变的母爱，同时蕴含着极具魅力的教育智慧。

一、教育手段美——好雨知时节

大家都非常熟悉寓言故事《刻舟求剑》，用成语刻舟求剑来比喻死守教条、拘泥成法、固执不知变通的人，告诫人们不能用静止的眼光来看待变化和发展的事物。小兔要逃走了，兔妈妈该怎么办呢？兔妈妈说："你要吓死我吗？哪能逃走呢？""去你的，关我什么事？""逃得远远的，最好别再来烦我""滚，滚……"如果兔妈妈用这样的语言回答小兔，大家想象一下，小兔会怎么做呢？小兔正在成长和发展，他的"逃走"也许是一种试探，看妈妈是否爱他；也许是心理断奶，渴望独立，渴望离开妈妈自主成长；也许是好奇，逃走的感觉会怎样，会发现和体验到什么……小兔的思维是复杂的，或许他自己也说不清道不明为什么想逃走，这正是孩子从单一思维向多元思维转变的过程。如果兔妈妈无法容忍小兔的种种成长迹象，那小兔在向妈妈述说他要逃走的时候，兔妈妈一定会大发雷霆、严厉禁止，其结果可能真会促成小兔"逃走"。

同样，每个学生都在经历成长，都在经历思维发展，如果教师不遵循规律，不认真研究学生，不了解学生的成长特征和身心变化，不懂得学生之间的人际交往，不明白各年龄阶段学生成长的心理轨迹，不契合学校、班级的规章制度、文化等，对学生的所有看似反向、不当的行为一律不加思索地禁止或下定论，不估计事态和发展趋向，这样的教师能让学生信服吗？相信只会让学生的一些不良行为更加恶化。

所以兔妈妈撒下一张大大的母爱之网，审时度势，巧妙回答："你要是逃走了，我就去追你，因为你是我的小宝贝呀！"顺着小兔的思维，抓住"逃走"这一关键点，顺势而为，以一种诙谐、平等的口吻和小兔交流，让小兔感受到被尊重、被宽容，而不是被限制和咒骂，满足小兔虚假"逃走"的心理。作为教师，与学生交往、交流的机会最多，从学习、生活、安全、励志、理想、责任等方方面面影响学生，是学生最亲密的接触者和管理者，决定着学生的未来。教师要练就一双审时之眼、度势之耳和一颗宽容之心，在真正把握问题的关键后，再做出判断和决定，做一个换位思考、理解学生、适时引导的好教师。

皮亚杰在《儿童智力的起源》一书中提出的同化与顺应，是从生物学移植到心理学和认识论的概念，顺应指的是外部环境发生变化，而原有认知结构无法同化新环境提供的信息时所引起的认知结构发生重组与改造的过程；同化就是把外界元素整合在一个机体的正在形成中或已完全形成的结构内。师生之间往往是一个同化的过程，但教师的职责并不是禁止和控制，而是开放性、个性化、选择性等并存的，每个学生在经历这个过程时，渐渐习得品格、能力等，往往就需要顺应。小兔在"逃走"的过程中，变成小鳟鱼、高山上的石头、小花、小鸟、小帆船、空中飞人等，做出大胆甚至放肆的举动，不断挑战妈妈的忍耐极限。但任凭小兔怎么"逃走"，兔妈妈都不畏危险，大胆地充当着陪伴者、寻找者、支持者、帮助者等角色，与小兔一起经历"逃走"的所有过程。教师要尊重学生主观能动性，大胆认同并鼓励学生创新发展，让学生获得存在感、成长意义和价值判断。

二、教育活动美——润物细无声

高尔基曾说过："谁爱孩子，孩子就爱谁，只有爱孩子的人才会教育孩子。"著名特级教师斯霞将70多年教师生涯成功的真谛归结为"童心母爱"。爱是教育的源泉。因为有爱，所以教师才能把每个学生细微的心理变化都看在眼里、记在心中。小兔准备"逃走"绝非突发奇想，一定是有原因的。这些原因藏在何处？一定在日常的言行举止中有所表现，积淀到一定程度，终于爆发出这种成人看来可怕的想法。小兔和妈妈生活在一起，小兔非常依赖妈妈，也相信妈妈，敢于把心里所想跟妈妈倾诉，意在寻求妈妈的帮助或解惑，而妈妈心细，深爱着小兔，对小兔成长过程中的一切都了如指掌。这些生活中的细节，正如春风化雨、润物无声，让小兔和妈妈的交流成了一种平等、自由、亲密伙伴的关系。

在对话中，兔妈妈先后变成"捕鱼的人去抓""爬到高山上去找""园丁""树""风""走钢索的人"，最终回到现实，"正好就是你妈妈，我

121

会张开手臂紧紧地抱住你"，"来根胡萝卜吧"，多么体贴入微的妈妈，这根胡萝卜说明妈妈早有准备，小兔的一切"逃走"都是意料之中。是什么让兔妈妈如此从容、温柔呢？是爱，是细节。

"天下大事，必作于细。""细节决定成败。"对细节是否重视、是否做到位，往往决定着一个人伟大还是渺小、卓越还是平庸。当教师是一件非常艰辛的事，每天要面对纷繁复杂的事，但如果对学生、教学管理、师生关系等一些细节不屑一顾，甚至是嗤之以鼻，最终会导致自己的工作费力不讨好，不光不能受到学生的佩服和欢迎，甚至还会酿成不良后果。教师要像兔妈妈一样，留心细节，真正把关心、引导、教育融入细节中，育人无痕，定会在教学过程中增光添彩，也会不断激发教师工作的积极性，巧妙地应对教学中的人和事，提升教师的魅力和工作实效。

细节存在于教师工作的每一件小事中，如准时作息、主动向学生问好、关注最后一排的学生、衣着整洁、面带微笑、认真写板书、随手关灯、弯腰捡起废纸片、不辱骂学生、关心生病的学生等，也许对教师有些"苛刻"，但这些细节中蕴藏着爱，蕴藏着教育活动的大美。

三、教育产品美——更上一层楼

新时代的教育必须坚持立德树人，把促进人的全面发展、适应未来社会需要作为最根本的教育质量标准。中国古代哲人提出过"人生有三不朽"的著名论断："太上有立德，其次有立功，其次有立言，虽久不废，此之谓不朽。"意思是人要先树立德行，然后才能立下丰功伟绩，再有恒久的思想理论或著作，即使人死了，事迹不死，在社会中不朽。不论是教育管理还是教学工作，立德树人都是教师的首要职责。兔妈妈在编织一张大大的母爱之网时，表面上看她是为了追到"逃走"的孩子，实际是在反向激励孩子前进，不断把孩子推向一个又一个危险的出逃境遇，旨在引导小兔从思想上经历一次"逃走"的价值认知和判断，最终让小兔明白"逃走"是不符合伦理道德的，幡然醒悟妈妈的爱是如此之深。"逃走"既是一种危险的行为，更是一种对父母不知感恩的精神叛离。兔妈妈站在更高一层的位置统筹全局，德字为先，满载着浓浓的育人智慧。

做一名教师，既要懂得循序渐进、因材施教、授人以渔等学科思维，更要懂得家国情怀、国家认同、社会责任、公德法制、诚实守信等道德品质，从教育的顶层大概念、大视野出发，指引和帮助每个学生健康成长，真正成为对社会有用的人。学校处处是立德之处，时时是立德之时，教师要不忘初心、牢记使命，把"立德树人"贯穿工作的全过程。

作为担负美育使命的美术教师，我们需要从这个故事中，读到像小兔一样淘气、任性、叛逆等学生成长心理和行为，要领略兔妈妈的大爱、机智和责任。关注教育教学的过程，把美的教育融入学生生活、成长中，唤醒学生求真、向善的成长初心。教育之美在路上，"见美"同样在路上。

第四章　关注过程　悠然「见美」

123

第二节 大概念引导大胆"说画"

艺术家在面对一张白纸或空白画布时，往往会在脑海中想象出各种各样的图像，然后围绕主题进行选择，精心遴选适合创作主题的素材、构图及表现技法，这是一个艰辛的过程。而欣赏者呢？少了这个心路历程，只是用眼睛"看看"而已，用双眼感知作品的优劣。这从创作与欣赏两个方面体现了美术活动的主要内容。在实际的美术教学中，美术创作一直是学校、师生关注的核心，也是课堂教学的重要内容。而美术欣赏呢？往往被教师忽略或走马观花、蜻蜓点水式完成，未能真切、深入地感知图像的内涵。

《义务教育美术课程标准》（2011年版）指出，美术课程以对视觉形象的感知、理解和创造为特征，是学校进行美育的主要途径。要求学生在美术学习中积累视觉、触觉和其他感官的经验，发展感知能力、形象思维能力、表达和交流能力等。这说明在进行美术教学时，对视觉形象的感知、理解是基础，培养审美素养是核心，是提升学生美育品质的关键。

在教学中如何提高学生对图像的感知、识读能力呢？识读图像，除了眼睛观察、大脑思考外，不通过语言的表达是无法完成的，没有语言的参与也是低效或无效的。所以，美术教学同样需要精心设计教学问题，创设情境，引导学生描述、解释、介绍、置疑、回答、讨论、评析等。只有"说"得清楚，才能准确、充分地表达观点、思想、问题等，达到与他人有效交流、沟通、互动、交往的目的。但学生在美术课上的"说"似乎不尽人意，特别是在识读经典名画时，往往只有"好、美、漂亮"等一些感叹、赞美的话。

以徐悲鸿名作《奔马图》为例，通过主题单元设计，以问题为任务驱动引导学生"说画"，引导学生主动思考、收集素材、发现问题、解决问题，同时注重大胆表达，强化感知，品悟名作的精髓和魅力，提高学生的图像识读、审美认知能力，促进学生美育素养的提升，达到以美育德的目的。

如何引导学生"说画"？学科大概念是指具体学科知识背后的更为本质、更为核心的概念或思想，它建立了不同学科知识间的纵横联系。以学科大概念为视角分析教学内容、确定教学单元，围绕学科大概念系统地设计进阶式教学目标、确定主题教学结构、实施主题教学评价，赋予主题教学以实质性的意义，是知识转化为能力素养的重要途径。学科大概念超越了具体的学科知识，属于上层综合性概念，统领着学科的知识与技能、方法与过程、情感态度与价值观等，是更有利于增强学生思维能力的途径。"说"即表达，是信息输出，是经过内化后的一种再认识和提升。让学生"说画"，就是培养学生把对美的认知、感受、理解等表述出来，提高交流能力。

一、直观感受——说概貌

人在面对任何一种视觉图像时，与眼光交接的一瞬间，都会做出直观的认识。每个人凭直觉都能快速地做出判断——喜欢与否；都会直接审视画面——美与否。当然，这里的美与人的审美认知水平相关，每个人都能完成这种无声的、初级的审美感知。教材中的"想一想"环节提出了这样一个问题：徐悲鸿笔下的奔马与自然中的奔马一样吗？同时选择了《八骏图》《奔马图》和摄影作品《奔马》三幅图像提供给学生。这一问题勾起学生已有的生活认知，对自然中的奔马进行回忆，从而做出对比——徐悲鸿的奔马有哪些不一样。

教学时，教师引导学生欣赏《奔马图》，由浅入深地设置问题，循序渐进地引导学生述说作品概貌。

问题设计：马是生活中常见的奔跑动物，奔马可分为轻型马、重型马、小型马，马的种类不同，其用途也不同。你知道自然中的马都有哪些用途？猜一猜徐悲鸿笔下的奔马属哪一种类型，与自然中的奔马有哪些不同之处？你能从《奔马图》中感受到什么？

在中国文化的视野中，马是集忠诚、勇猛、无怨与驯良于一身的动物形象。在历史发展进程中，马与人类社会的发展息息相关，且有不少与马为伍

的部族。让学生回忆自然中的马，区分马的种类和用途，为更好地理解徐悲鸿的《奔马图》作铺垫。徐悲鸿笔下的奔马属于轻型马，特别擅长奔跑。他选择轻型马，因为它昂扬、奔放、激进、蓬勃，与内心的精神追求相契合，其目的就是表达自己内心的情感向往，从而达到从视觉上冲击、内容上唤醒、精神上感召的创作目的。

让学生"说画"时，可通过猜测、联想、对比等方法，既能提示学生"说画"的方法，又能丰富"说画"的内容。例如，"单就作品而言，这幅画画得好不好"等肤浅问题，学生可以直接回答而不会有太多的思考，自然也就没有说的内容。学生在"说画"时，表现出对奔马的探索兴趣，对徐悲鸿运用中国水墨技法创作的《奔马图》更是惊叹。"自然的马皮毛光滑，容易让人亲近，徐悲鸿的奔马完全是用水墨来画的，给人一马当先、勇往直前的感觉。""我感觉他的奔马让人感受到一种奋勇前进、不屈不挠的精神，让人看了振奋。""我看了徐悲鸿的奔马，让我想起自己的懒惰。我要像徐悲鸿大师一样，勇于追求，勤于上进。""他的奔马马蹄双屈，感觉在腾空奔跑，速度很快。"……教材中设置的这个问题，虽然是以"想一想"列出，但更需要学生表达，这样才能检测学生"想"的质量和水平。

二、技法解读——说水墨

美术表现技法繁多，以中西方区域为界，我们常常说"国画""西画"。中国画常常以书入画、以墨为彩，用线条造型，重在表情达意，重在表达个人志趣；西画常常以透视关系和光影明暗来表现物象的质感、体积和空间，注重自然描摹，崇尚情境真实。画家徐悲鸿呢？教材中对徐悲鸿的简介有这样一句话："马，是徐悲鸿一生最爱的题材，并以画马驰誉中外，以泼墨写意和兼工带写的表现手法塑造了千姿百态的马。他画的马融合了西方绘画中的造型和中国画的写意，笔墨酣畅，形神俱全。"教学时，让学生认真阅读这句话。

问题设计：徐悲鸿画马正如郑板桥画竹、齐白石画虾、李可染画牛等，可谓家喻户晓，成了中国文化的标志。徐悲鸿采用的手法可谓别具一格，以泼墨写意和兼工带写表现手法进行创作，你了解多少？徐悲鸿在绘画时需用到哪些绘画工具？徐悲鸿在作画时哪些地方采用泼墨写意的表现手法，哪些地方采用兼工带写的表现手法呢，猜一猜他是怎样想到用这种技法表现奔马呢？在技法上他追求的是什么？

徐悲鸿爱马如痴如醉，早期画过大量的奔马素描写生稿，对马的结构、动态了如指掌。他一生画了4000多张素描，其中画马的就有1000多张。后来他到西方国家深造，全面了解并掌握西方绘画技法，特别是透视、解剖等，他以全新的思维理念，对中国画进行改良，融西画元素于中国水墨技法之中，通过大量的实践成就了悲鸿马风格。纵览中国历代画马名家，多数都是以工笔描绘为主，形态写实，刻画细腻。徐悲鸿一改古人风貌，既注重中国传统泼墨画的写意韵味，又强调西画的逼真、理性，以书入画，用书法的线条勾勒，加上浓淡相映的水墨表现，所画奔马骨肉兼具、神采飞扬、气势逼人。

让学生回顾泼墨写意与兼工带写的技法及所用的工具，强化中国画的基本特征，对笔、墨、纸、砚做进一步了解，特别是对中国画所用的纸、笔、墨，其特殊性造就了中国画特殊的表现方式。例如，墨分焦、浓、重、淡、清五色，以便更好地理解泼墨技法。区分作品中的泼墨写意与兼工带写的技法，引导学生走近作品，对作品进行分析，辨识技法，知道画家在表现奔马时哪些地方用点、哪些地方用线、哪些地方用面来造型。猜测技法的由来有一定的难度，因为学生对中西方绘画的了解还比较浅。但在和学生探讨时，对油画与国画进行比较，学生则可以直观地感受到油画的真实性、自然性、空间感、立体感等，而中国画的笔墨韵味、留白艺术，给人留下无限的遐想。"这是一匹冲锋在前的奔马，后面还有千千万万的骏马在奔腾。""那空白处，让我联想到许多画面。""非常喜欢徐悲鸿的《奔马图》，给人一种既真实又极具中国韵味的感觉。"

三、空间对比——说构图

谢赫在《古画品录》中提出了完整的绘画六法论：气韵生动、骨法用笔、应物象形、随类赋彩、经营位置、传模移写。其中，经营位置就是我们今天所说的构图、章法、布局等。构图的优劣直接关系到画面的美感布局和

创意表现。同样一张宣纸，艺术家为了表现自己的主张或理解的主题，运用独有的审美眼光，在纸面上布局关系和位置，这需要相当的功力和实践经验。

教材中安排的"说一说"环节：描述徐悲鸿笔下的马奔跑的姿态，说说它们与雕塑《铜奔马》中马的表现形式有什么不同特点。构图思维决定奔马的姿态，如作品《天马行空》，一匹无缰奔马从远及近直面狂奔而来，寥寥数笔，形体刚劲、精神抖擞，给人以热血沸腾之感。细读款识"辛巳八月十日第二次长沙会战，忧心如焚，或者仍为前次之。企予望之。悲鸿时客槟城"，可知徐悲鸿忧国忧民，满腔爱国热忱，恨不能冲锋在前，保家卫国。这样的构图别出心裁，一改传统的横向、S型构图等模式，奔马直入胸怀，让观画者更能身临其境，体味画家独有的呐喊、冲锋等思想内涵。例如，《奔马图》采取横向构图，一匹奔马前身跃起，双蹄腾空，正勇往直前，给人振奋和激励。

教学时，提供《天马行空》和雕塑《铜奔马》两幅作品的介绍资料，引导学生对比分析。

问题设计：请同学们先阅读介绍资料，分别说说画家和雕塑家是在什么情况下创作的？表达了画家和雕塑家怎样的主题思想？画家和雕塑家选择这样构图妙在哪里？如果请你来创作，你会选择怎样的构图方法呢？

学生通过阅读资料，了解两件作品的创作背景、表现技法及表现主题，为学生更好地理解构图的巧妙打下基础。画家借助点、线、面元素，为了表现主题，苦心经营，既突出主体，又强调留白艺术，体现了独特的意味。"《天马行空》那匹巨大的奔马，占据了大部分画面，但我更能感觉到马的身后以及脚下广袤的大地。""那马似乎如战士般狂奔而来。""铜奔马三足腾空，一足掠过飞鸟，惊心回首，增强奔马急速向前的动感和速度。"借助材料让学生"说画"，也可以说是汇报学习收获，不管怎样，学生从材料中获取相应的信息，有利于学生对作品的深入解读。

四、人文感悟——说情感

傅抱石认为："艺术为一国历史之最大表白。"由此，中国绘画是中国民族精神之最大表白，中国画要的不是形，而是神，即写意的精神。写意更加强调画家的思想主张、生命体验、心灵顿悟、精神向往等，寄情水墨，追求灵魂，每个点画都极具生命力。"登山则情满于山，观海则意溢于海。"画家在进行创作时，往往忽略图像的真实性，而更加注重思想的融入，追求态势、节奏和墨趣，直抒胸臆。

徐悲鸿曾说："我画马，其实也牵着思想的马。只要出笔，便会情动于衷。"由此可以设计问题：你能体会徐悲鸿通过奔马表达的思想情感吗？同时在学习建议中要求学生临摹作品并体会画家的创作情感。徐悲鸿在莫斯科接受采访时说："我喜欢马，但我画的马绝不是单纯画马的形体，而是借助马的气势，抒发我的情感、信仰和追求。""人不可有傲气，但不可无傲骨。""济南解放之际兴奋写之。""山河百战归民主，铲平崎岖大道平。""跨上千里马，冲锋陷阵啥也不怕……"徐悲鸿是杰出的画家，是一位伟大的爱国者，创作大量的《奔马图》以隐喻民族危亡时刻中华儿女的英勇奋发，希望中国人能够像战马一样英勇抗敌，是独立的、自由的烈马，是一马当先、万马奔腾的写照，更是奋发向上的中华民族的象征。让学生感知《奔马图》雄健有力、自由独立的艺术魅力，理解在沉默中呐喊的勇士、在欺辱中力量的爆发、在炮火中冲锋的先锋等时代文化，感受徐悲鸿的爱国情怀，内化、熏陶品性，在美术教学中落实立德树人的根本任务。

教学准备时搜集徐悲鸿的各种《奔马图》，以"牵着思想的马"为切入点，设计问题与学生讨论：徐悲鸿"牵着思想的马"是指的什么思想？"情动于衷"是什么意思？你从他的系列《奔马图》中感知到什么思想？你有哪些收获？先以小组讨论的方式，让学生在小组内充分阐释，彼此启发，不断丰富自己对《奔马图》的理解，与"思想的马"对比，感受画家强大的绘画表现能力和强烈的爱国情怀。"以马喻人，激发人民要像战马一样奋战。""国家危难之际，每个中国人都应该团结起来，走在前面，勇于拼搏。""我觉得他的奔马是精神上的引领，让我明白积极进取的意义。""说"能让学生思维外显和输出，让思维碰撞，强化交流，提升思维品质，使学生加深对"思想的马"的感悟。

五、历史钩沉——说背景

每一个时代自会酝酿出属于这一时代的特定文化，在文化背景下，造就时代英雄，留下时代文化符号。为了更好地理解作品，只有追溯历史，回归特定的时代背景去解读，才能更好地、原汁原味地还原感知。为了更好地理解徐悲鸿的《奔马图》，学生需要了解徐悲鸿生活的时代。

徐悲鸿生于1895年，其人生轨迹错综复杂，先后经历了"随父习文学艺、从上海滩到北京、欧洲留学八年、献身美术事业"四个阶段。在他童年、少年、青年的成长时期，经历了戊戌变法的失败、义和团的兴起、八国联军的入侵、武昌起义和辛亥革命的胜利等，目睹了由清朝腐败而导致列强压迫、欺负，人民备受苦难而奋发自强。他辗转学习，目睹和经历时代动荡，心中无法平静，人生无法安逸，勇担重任，忧国忧民。他说："天灾战祸，民不聊生，是谁的罪过，我是一个中国人，不能沉默，我要以我的画笔，发出我的吼声。"他将自己的一切与感恩祖国、报效祖国紧紧连在一起，用生命奋战，复兴、改革中国美术事业。

教学时让学生观看视频《百年巨匠——徐悲鸿》，设计问题：徐悲鸿生活在哪个时代？那个时代中国的社会状况如何？他为什么想通过奔马来表达自己的思想？《奔马图》在国家富强、人民安宁、生活充裕的今天，有哪些现实意义？问题分两个层次设计：一是钩沉历史，把作品还原到创作的年代去理解；二是面对现实，把作品彰显的价值放在当下来理解，目的是让学生从创作背景中更深层次地理解画家和作品，内化为学生自己的思想认知，把奔马精神渗透、践行在学生的成长中，围绕教育使命"培养什么样的人、如何培养人、为谁培养人"，用奔马激发学生的爱国热情和使命担当。通过对历史的了解，激发学生课后欣赏更多的徐悲鸿名作的兴趣，走近大师。

总而言之，以问题为纽带，通过探讨、互动、交流等途径展开美术欣赏，引导学生主动思考、收集素材、发现问题、解决问题、大胆表达，提高感知、识读能力，提高审美认知和美育素养。引导学生大胆"说画"，用专业的知识、恰当的视角、准确的语言、巧妙的表达引导学生走进美术图像世界，真切感知名作的精髓和魅力，达到以美育德的目的。

第三节　融汇情境　悠然"见美"

"见美"更加强调过程性，注重个体性，增强个性化，倡导让美术学习过程成为学生"见美"的过程。这个过程自然离不开情境，包括学科情境、生活情境、问题情境和思维情境等，在这些情境中，学生会迸发出新的情感和思维，获得新的认知和发现，这符合学生认知规律，也是任务驱动过程中融汇情境、强化学生"见美"的目的。

一、融汇情境，强化"见美"

1. 坚持形式新奇

教学中，创设情境一定要在充分考虑学生的主体需要和心理特征的基础上注意新颖性，尽量使学生获得新鲜的感受，引起他们的注意，激发他们的兴趣。教师可以利用现代化教学媒体，将文字、图像、动画、视频、音频等融为一体，故事、音乐、实物、问题、实验、表演等形式创设情境，把学生的各种感官最大限度地调动起来。例如，一段视频能将学生带入动物世界，一幅大型的背景图片能成为学生笔下人物游戏、舞蹈的场所，偶尔开展的比赛或评奖活动能使学生群情激昂，一个小小游戏能引起学生无限的想象，即兴的人物写生表演会使学生对人物画兴趣倍增，"当一回大师"的油画尝试足以激发学生美术欣赏的热情……

2. 注重生活情境

情境是学习的工具，用以提升学生的投入感，但不能演变成学生学习的负担，因此要针对教学内容合理地创设具体教学情境。情境应该是有趣的，以学生的实际生活为基础，最好是学生能够在现实生活中容易观察到的，或

131

者是被广泛报道的，如一些社会性的或与学生生活习惯有关的例子。内容选择精准，方能引起学生的共鸣。

3. 注重启发引导

所谓启发性，就是不能为了表面的热闹而生搬硬套地创设情境，使情境沦为哗众取宠的装饰，而是通过情境开启学生的心智，即增加体验、丰富感受、激发想象、活跃思维、增加兴趣、增强动机等。教师要多层次、多角度地理解和挖掘某一教学情境中所蕴含的教学价值和情境背后的实质内容，避免喧宾夺主，这样创设情境才能更好地为教学目标服务。

4. 保持节奏连贯

学生一旦被带入情境中，激发起兴趣后，如果没有对情境的衔接，就会因失望而导致学生已形成的动机弱化，甚至消失。因此，教师要根据教学内容和教学目标，把情境设计成一个连续的、动态的体系，对教学中的重点和难点有针对性地用问题情境等方式予以强化和深入，使学生的学习动机更加稳定、持续。

二、巧用资源，点亮心灵

一次到校随机听课，教师运用班班通上课，这本无可厚非，但教师在具体上课时却让人大跌眼镜，活脱脱的一个放映员，将教学课件一张张展示、播放，展示结束即完成授课，让信息技术完成新版的"照本宣科"。人们常说"资源整合""优化运用"等，通过信息技术手段调节学生的视觉、听觉，激发学生的多种感官功能，实现多感官有机结合，从而使知识打破空间和时间的限制，多层次、多角度、直观形象地展示教学内容，最大限度地调动学生学习的积极性，从而提高课堂教学效率。

教师如何运用丰富多彩的多媒体资源来点亮学生心灵、优化课堂教学、提升教学实效呢？现以特级教师李正火执教的《一片落叶》为例，从理念先行、无缝接入、强化识读、素养渗透、育人无痕五个方面进行剖析和分享，建议美术教师融入情境激趣激情、精心设计着力引导、有效设问培养思维，饱含教育大爱，让爱学生成为教学的起点。让学生享受被爱是教育的归宿，让学生真正"见美"是课堂的宗旨。

时代飞速发展，信息技术已然成为这个时代的弄潮儿。教育的发展自然跟进时代步伐，从远程教育到班班通，再到掀起风暴的"慕课""微课""线上教学"等，信息化催生了"未来教育"曙光，更让城乡教育均衡、优质资源共享走进寻常课堂。教育信息化的硬件设施、设备不断更新换代，充分体现了智能设备的先进性、适用性、交互性等特点，那么，运用层面的思想理念、操作技术、效果呈现及反馈是否也已水到渠成？

1. 理念先行——积极使用不依赖

苏联教育家巴班斯基指出："所谓教学过程的最优化，就是指教师有目的地选定一种建立教学过程的最佳方案，使能保证在规定的时间内解决教养和教育学生的任务，并取得尽可能最大的效果。"美术课是一个极需大量进行图像识读的课堂，要提高学生的审美趣味、丰富视野、陶冶情操，就要根据一定的主题提供大量的美术图像，冲击学生视觉，产生视觉审美，从而增强对作品的情感体验。

李老师正是利用信息化的优势，资源的丰富性、可视性、交互性等，一步步为学生提供视觉盛宴，让学生在熟知的、陌生的图像中感受落叶色彩、纹理、形状的美，唤醒学生的生活认知，还原生活情境，让学生在思想、情感上产生共鸣，为美术教学奠定基础。有人在听了李老师的课后评价道："您的课堂如同一部好莱坞大片，有高度的生命哲学与美学理念，有意想不到的课堂情节推进，有创意奇妙的意境呈现，有大气磅礴的心潮涌动，细微处足见李老师大美大爱之心！"在平常的教学中，美术被定位为"豆芽"系列，常常是被忽略的课程，但看了李老师的课后，不禁让人慨叹：美术课亦如此精彩！

李老师在教学时充分发挥了信息技术的优势，丰富了课堂资源的表现形式，为师生间的有效对话提供了媒介，把信息技术运用得恰到好处，既不显得多余，又表现出不可或缺。在课伊始、课中、课末均不同程度地提供了数字资源，用大量的图片、视频让学生从真实的落叶逐步升华认识，直到最后"叶落归根"的感悟。他充分借助数字资源，使课堂如电影般跌宕起伏、环环相扣，把学生的认识、感知、体悟、审美步步引向深入。这种不依赖、不排斥，合理有效利用的思想理念为我们摆正观点、革新理念提供借鉴。

2. 无缝接入——融入情境激趣激情

在美术教学中，随着信息技术的快速发展，大量的图像、影视资源应接不暇，让人眼花缭乱，很容易给学生造成误导。这就需要教师在进行资源选择的时候，一定要关注图像中情感的积极作用，将学生的情感体验与美术教学中的认知活动相结合，使二者和谐统一，更好地为学生学习服务，但也不是什么资源都可以运用。李老师在进行教学时，除了在现场（讲台）铺洒了大量的落叶，给学生创设直观的落叶场景外，还通过多媒体设备无缝接入，展示了学生身边的落叶场景，如校园里金黄的银杏、打扫落叶的清洁工人、某个角落里一片干枯的落叶、初秋（深秋）的落叶等，为学生营造了一个丰富、真实又充满诗意的学习情境。他还用精彩的语言对每片落叶、每个场景进行深情描述，在音乐的点缀下创设教学情境。

这样的教学情境自然会吸引学生的注意力，调动他们的好奇心和学习的积极性，激发学习兴趣，每个学生都愿意主动地探究、发现落叶的奥秘和情怀。例如，学生在观察落叶的颜色、纹理时是那样的认真、细致，还结合自己的感受用语言表述出来，这让学生在精神上得以享受，从中感受到乐趣。有心理学研究证实，个体情感对认知活动起到动力、强化和调节三方面的作用。学生对所学的内容感兴趣，有了学习动力，教师再加以引导，这种学习的个体情感得到强化以后，学生的学习情绪自然会向积极、主动的方向自我调节，反之亦然。

李老师借助信息技术，精选有关落叶的图片、视频来创设课堂情境，让学生在诗意的情境中发现美、创造美，充分调动学生的个体情感，让学习变得有趣、有效。美术是一门重观察、重感受、重传承、重创新的学科，要想创作优秀的作品，就需要充分调动情感认同和视觉表达欲望等综合因素，这样才能画出别具一格、有真情实感的美术作品。如何让信息资源成为情境创设的有效途径？精准寻找素材，与教学内容无缝接入，而不是冗杂无用，毫无针对性、启发性和审美性。

3. 强化识读——精心设计着力引导

布鲁纳说过："学习最好的刺激，乃是对所学材料的兴趣。"心理学也认为，对学生进行多重感官刺激的学习，其效果要优于单一感官感知学习的效果；视觉与听觉的同时感知的信息要比单用听觉更全面、更深刻，也有利于保持。传统美术教学多是教师在讲台上讲，学生在下面听，一支粉笔、一个图画本、一张嘴涵盖了整个教学过程。这种教学方式单调机械，教学效率低下；而信息技术的运用可提供丰富的图像及声音信息，有利于教师组织生动形象、图文声并茂的教学内容，使学生在充分感知的基础上，实现多种感官的有机结合，从而使美术观察、想象、创作能够多层次、多角度地发生。但凡事有个度，如果为展示而一味地实施"电灌"，那效果肯定会适得其反。

李老师在安排多媒体资源的呈现与展示时，认真经营，着力从每张图像中发现信息，强化图像识读。开课时种种落叶的场景，课中学生作品的展示与某个特定的落叶情境巧妙结合，课尾由落叶演变而成的种种装饰品、语言、情感等，步步升华，让学生对落叶的认知从颜色、纹理、形状等一步步上升到有关落叶的语言、情感，最终到落叶的情怀，这样的识读体验让学生经历了发现和审美的过程。"她可以是一个离开父母的孩子，可以是一个离开家乡的游子，可以是一个离开祖国的同胞"，等等，一片落叶，在李老师的课中已不再是一片落叶，而是一个活生生的人。这样的图像识读，循序渐进的精心引导，让学生经历了一次思想的提升、精神的洗礼。

李老师在讲述他的一个学生在海外看到中国的文物时，不禁让人想起八国联军侵华、不平等条约等，号召学生好好学习、报效祖国，让那些文物"叶落归根"，这又是怎样的一个深度识读呢？有效课堂不是凭空产生的。李老师不断强化图像的精彩识读，使学生的学习过程得到完善和发展，增加了学生思维的深度和广度，让学生走进学会、会学、好学、乐学的境界。教育信息化，功夫依然在老师。教师对图像的识读能力和引导策略，是提升美术教学实效的重要因素。

4. 素养渗透——有效设问培养思维

在美术教学中，教师核心素养渗透、有效设问等似乎很少有人关注，更多的是注重教师的技能示范、学生作品展示等，最多问一些无足轻重的问题，对美术大概念更是关注甚少。例如，你觉得美不美、美在哪里、色彩搭配吗、有何感受、构图如何等，教师往往比较急切，用一些大而笼统的问题让学生摸不清门路。但听了李老师的课后，美术教学中的提问同样值得探究。例如，李老师在让学生观察多媒体展示的一片落叶时，问道："同学们，请你仔细观察一下这片落叶的颜色、叶脉、形状。它的颜色有什么特点？观察叶脉后再用手摸一摸（教室里到处都是落叶），有什么感觉？你猜一猜这是哪个时候的落叶，为什么？"问题一出，几个学生马上就回答道："黄色的。""仅仅是黄色的吗？"李老师反问道。这一个看似简单的提问，却让学生认真细致地观察起来。李老师耐心地等待着，学生沉浸在观察的快乐中。一会儿工夫，学生精彩的发现便一一呈现出来。他们不仅认识到落叶的丰富色彩，还对叶脉进行了大胆的想象，对于"猜猜是哪个时候的落叶"，更是推理得有理有据。这一堂美术课，不仅培养了学生认真观察、善于发现的习惯，还培养了学生乐于推测、理性思考的能力。

一个小女孩画了一片落叶，被李老师牵着手站到讲台上，问这是一片什么样的落叶？女孩悄悄告诉李老师她的想法。随即李老师轻轻点动鼠标，一张图片呈现出来，一张红红的叶子飘在空中，多美啊！在阳光下，在秋热后，落叶在寻觅什么呢？学生思索着、畅想着……李老师设计的问题具有层次性，将视觉感知、动手实践、推测思考有机融合起来，既显示出问题设置的层次性、启发性，又彰显着李老师含蓄而深远的人文理解，甚至是文化认同。通过问题设计，把学生的思维由眼前的物引到实际生活中、到丰富的想象中、到文化情境中。李老师通过关注美术核心素养，将图像识读、审美判断、文化理解有机融合，形成一个更加开放、有深度的美术思维，对培养学生审美素养具有较强的影响和启发。

5. 育人无痕——爱是起点更是归宿

李老师说："只有你像孩子，才可以走近孩子；只有你又不像孩子（高于孩子），你才可以成长孩子，轻松而艺术地解放孩子。""不要问我如何教学孩子，去问问孩子，他们需要什么，他们喜欢什么，他们关注什么，是什么让他们将你和他们的课堂活动自发地铭刻心底？又是什么让教师的课程及教学行为成为孩子自主探究、合作、创造的原野沃土？更是什么让课堂成为不教而教、自然熏陶般唤醒或萌动孩子心灵中那份对生活、对艺术、对自然、对生命的涂鸦与创造激情、探究游戏和艺术表现活力？""妙法原无法，正心自明心。"这是李老师的回答："什么树都让它结苹果可能吗？最好的办法就是好好按自然规律和教学规律'松土''施肥''修枝''除虫'，我赞成'玉米不能长参天大树，但玉米可培养成丰产玉米、药用玉米，玉米叶可改造成药材、玉米梗可制作饮料，这样创造性地用好这块料才对'这个新观点。这才是真正的教育大智慧啊！"

这是李老师的教育理念和智慧，他将这样的教育理念贯通到美术教学中，处处彰显着育人的智慧和师者的大爱。

他在向学生展示冰雕大师在冰天雪地里创作时这样问道：艺术家怕冷吗？

生：不怕。

师：因为他有一颗热爱生活的心。艺术家怕累吗？

生：不怕。

师：因为他有一腔执着追求艺术的热情。

李老师在课堂中始终以学生为主体，处处激发学生，充分碰撞学生的思维火花，让你感知特级教师的课堂是如此的有味、有道。2013年，他在参加第62届浙派名师暨全国名优教师经典课堂展示时，课堂即将开始，李老师让一位男生上台"点"大屏幕上的灯。男生估计从来没有这样点过，他第一次按，没有亮，在现场41个学生的注目下，"点"了第二次，还是没有亮，因为只有三个键，第三次学生快速按下去，于是他真的点燃了一根红烛，投影上呈现出一张安静燃烧的烛火的图片。学生在这样的尝试与期待中开始上课，那烛火正悄然温暖着每个学生的心灵。这是一个看似不经意的设计，但细想之，正是李老师的良苦用心。"课堂是需要学生点亮的"，这是李老师的观点。春风化雨、润物无声。一个简单的操作都让学生去尝试、体验，可想每个学生在李老师心中都是可以激发、点燃的火种，有了火种，课堂才会被点亮、发光。他是这样不着痕迹地爱着学生，在课堂上、课外育人无痕，不强求课堂的整齐，看似随意生发、信手拈来，但全都饱含大爱。爱学生是教育的起点，让学生享受被爱更是教育的归宿。

信息技术是助力课堂情境创设的快捷路径，是实现有效教学的手段和途径之一，如何扬其长、取其优、用其妙，都取决于"教师"这一关键核心。领略李老师课堂教学的千般妙处，巧妙运用信息技术创设情境为课堂增效，都归结于他自己的追求——妙法无法，正心明心。

第四节　　"建美"与"见美"课堂

　　图像识读是美术核心素养中最基本的素养，也是美术教学最基本的要求。强化图像识读，提高学生对视觉图像的感知、理解能力，需要教师的专业引导。这是美术教学中常见的内容，需要教师从日常课堂抓起，学生从日常美术学习做起。特级教师章献明认为，学习是一个知识传递、技能习得和情感体验的综合过程，更应关心学生内心的体验和发现，而不是边缘和外围的兜转。纵观当下的美术教学，对学生图像识读基础能力的培养并未引起教师的重视，教师更加注重学生的造型表现，忽视了发现的过程。视觉感官的十分之一是物理因素，十分之九是心理因素。如何让学生从心灵深处发现美，并内化为真实情感的表达，是美术教学的关键。

一、"建美"与"见美"主张

　　"建美"与"见美"，来历很简单。2016年4月贵州省教育厅宣布成立首批乡村名师工作室以来，要求主持人始终围绕"七个一"目标开展工作，即凝练一个理念、构建一种模式、研发一个项目、建立一批资源、形成一批新成果、带动一批新骨干教师。

　　贵州省乡村名师王安金工作室坚持聚焦"图像识读"核心素养，先后开展了《加强图像识读注重学生视觉体验的教学策略探究》《任务驱动型图像识读落实立德树人教学策略探究》两个省级课题，组织了系列研讨活动，聚焦课堂，凝练教学主张，改进教学行为，探索教学策略，从而提高课堂实效。

　　工作室成立之初，各成员集思广益，提出"建美课堂"，特别关注如何引导学生发现美、表现美，其重点是从物理属性层面，引导学生掌握美术媒材、技能技法、作品形式、表现策略及资源巧用等，注重分析学生识读图像的可见因素，目的是强化学生对美的认知经验建构。但是，当学生对作品形成一种形式化认知的时候，总是套用一些惯用思维，运用已有经验对新的视觉图像进行审美，学生的审美出现疲劳，兴趣索然，没有新的思考和发现。

2019年，工作室接受考核，要求再次陈述工作室的教学主张，经过评委专家的点拨提醒，意识到"建美课堂"的局限性。经过再三斟酌，更改为"见美课堂"。"见美课堂"除了关注学生物理属性的美，更注重引导学生独特的发现、心灵的吸纳和情感的融入，真正让学生在发现美的过程中习得对真、善的认知，成为真正意义的人。

二、"见美课堂"环节设计

美术是每个人表达自己的窗口，是对世界物质图像的真诚表达、对心灵感受意象的真诚再现、对情感体验轨迹的真诚展示，或技法拙朴，或色彩灰暗，或线条不畅，或图像不像，都是指美术的输出——美术表达与创作。《普通高中美术课程标准（2017年版）解读》中指出，五大核心素养构成了一个整体，在不同的教学行为或学习行为中各有指向，但他们之间的关系并非割裂的，而是综合蕴藏在某种具体的教学行为之中。这一理念表明，在美术教学中，根据不同的教学行为或教学活动，存在不同学科核心素养指向性融合，图像识读也绝非孤立地存在于美术教学中。提高学生美术表达与创作能力，离不开审美输入，离不开大量的经验积淀。通过课堂实践与观察，对"见美课堂"环节进行了初步的模型建构。

1.精准任务，创设情境找准切入

美术源于生活，服务生活又高于生活。美术教材中呈现的内容，往往是较为纯粹的美术内容，如何引导学生从生活中发现美与生活的密切联系，是美术教学的一个重要问题。以《徐悲鸿与奔马》为例，画家徐悲鸿笔下的奔马令人积极振奋、斗志昂扬，让人看到了远方的希望，更能感受到奔马奔腾不息、勇往直前的精神。对于生活经历不丰富的学生来说，未必能体会到其中的奥妙。但引导学生观察自然中的奔马，从中感受现实生活中奔马的形象

第四章　关注过程　悠然『见美』

和精神状态，领略奔马奋勇向前、不畏困苦的精神，再与徐悲鸿笔下的奔马相关联，找到其中的契合点，将实物形象与艺术符号关联起来，搭建已有经验与新认知的沟通桥梁，帮助学生更好地识读和理解。

问题是课堂教学的串连线。创设问题情境，精准设计任务，引导学生聚焦主题、观察感受、搜集素材、学习借鉴、构思创意、选择材料和技法、探索表现方法、创作作品、展示交流以及描述、分析、解释和评价等，甚至鼓励学生在信息化环境下，以自主、合作与探究等方式获取知识和技能，形成创意和见解，学会用美术及跨学科的方式解决学习、生活和工作中的问题。教师在设计问题时，可采用剥离或包裹的方式，围绕教学目标，从生活中、美术作品、美术现象、跨学科等情境设计，启发学生在解决问题的过程中思考。

2. 概念建构，丰富知识提升技能

学科大概念教学已成为一种需求。以往教师在传授碎片化知识、技能时，忽略了学科大概念的渗透与建构，学生只见树木不见森林，无法形成系统化的审美体验和认知。在核心素养理念的指导下，关注学科概念，以建构概念统整学科课程建设，拓展学生的眼界和思维，让学生获得比知识、技能更有用的高阶思维，从而助力知识、技能提升，如"空间关系""对比""夸张"等，从视觉图像到学科概念，有助于学生更好地鉴赏、表达和创作。

3. 深度体验，自我创作提升素养

之前已提出横向多元和纵向深度识读图像，横向拓宽审美视野，纵向挖掘思维深度，有了深度的审美体验，学生在情感饱和的状态下，会自然表现出创作冲动，进而激发表达欲望，对相关技能进行练习并不断强化，在熟练掌握相关技能且不断积极创作表现的基础上，有了充分的情感积淀，自我创作时会表达得更自然、更真实、更具感染力。通过创作，反作用于图像识读，加强学生对图像的感知能力。

4. 欣赏评价，展示交流品鉴共美

交流也是一种识读。当学生与学生、学生与作品、学生与教师之间，就某一视觉图像产生共鸣、问题等时，各抒己见，表达自己的观点、意见或想

法，甚至写成鉴赏短文，其实更有利于学生识读素养的形成，因为学生已经有了辨别和阐述的能力，能内化为自己的语言进行识读。课堂上，多创设交流表达的时空，让师生在交流品鉴的过程中形成审美共识，提升学生的审美思考能力和表达能力。

5. 文化守创，价值引领传承文化

图像识读的最终归属是文化理解。不论是视觉图像还是美术作品，在识读过程中，必须建立正确的价值导向，正确、正面地识读图像的价值内涵，从品德、精神等层面引导学生感悟作品的内涵价值，从而树立正确的价值引领，理解、包容不同地域的美术表现，品悟其中的文化精髓，达到传承优秀文化、发扬国粹、促进学生健康成长的目的，为学生的成长播撒健康向上、积极有用的文化因子。

凝练"见美课堂"主张，建构"五问、五环、五驱"教学策略，如图4-4-1所示。

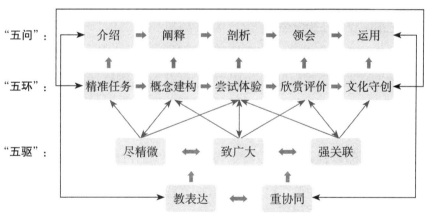

图4-4-1 "见美课堂"模型建构

三、强化课堂生成

课堂是师生互动生成的，不是教师单方面讲或教，也不是学生单方面学。教与学的双边关系，只有和谐共生，才能产生良好的学习效果。关注课堂的生成，注重以生为本，是教师的本职。图像识读同样如此，真正的识读基于学生的行为，而不是教师泛泛空讲。在此提出"四还"建议，强化课堂

生成。

1. 把识读时间还给学生

学生识读图像的主要方式应该是教师指导下的"自看、自悟、自练"。有的教师在美术课堂上一味地讲解，担心学生无法识读，看不懂其中的奥妙。实际上，学生在进行图像识读时，其独特的感知并不是教师的讲能代替的。把识读时间还给学生，让学生有充足的时间去品悟作品的精髓。

2. 把活动空间还给学生

美术并不像数学、物理、化学等学科那样，美术学习是一个视觉游戏、体验、交流、表达的过程，是一个学生"知、情、意"统一的审美求知活动。有的美术教师喜欢用课件把作品的背景、内涵和人文价值等展示出来，用大量的描述语言跟学生讲解，学生完全没有活动的空间，导致美术课像教师做报告一样，这实际上是对学生学习活动空间的剥夺。美术课一定要有学生创作的活动空间，一定要有学生交流的活动空间，一定要有学生展示的活动空间，做好课堂时间分布。给学生活动空间，学生就能给出精彩。

3. 把提问权利还给学生

很多学科的教师都会有意识地引导、教会学生提问，把提出有价值的问题作为考量学生思维深度和学习效果的标准。而美术课呢？提问的权利往往由教师独霸，很不利于学生的成长和发展，特别是审美认知能力的提升。没有问题就没有思考。即使是解决教师提出的问题，也可能只是一个搜集素材、对比分析的过程。让学生提问，发现图像中有价值的问题就是一种有效的识读，应该把提问的权利还给学生。

4. 把个性创作还给学生

美术创作所追求的并不是千篇一律，更不是整齐划一的模型翻版，而是独具个性特征、极具情感特色的自我表达。美术创作是每个人内心对世界的形象认识和再造，不可能统一，也不可能一模一样。但在现实的美术教学中，教师往往强调统一性，作品的用色、造型等均采用教师给出的样式进行创作，最终导致学生作品形式单一、严重缺乏个性化的后果。把个性创作权还给学生，尊重学生的主观表现。美术表现永远没有"错"，在学生的视界里，或许我们看到的"错"正是他最精彩的认识。同样的道理，有了个性化的创作氛围，才有个性化的识读能力，二者是相辅相成的。

叶圣陶先生曾说："教是为了不教。"这句话与夸美纽斯的"教师少教，学生多学"异曲同工。巩固学生的主体地位，把时间、空间、发现问题、创作表现等更多的权利还给学生。让学生主动学习才是教学的最高境界。

四、"五问、五环、五驱"实践应用

1. 坚守理念先行

聚焦图像识读核心素养，通过开展各种研讨活动、专题沙龙、课堂展示等，让美术教师认识到，在视觉文化时代，图像识读已成为每个人必备的能力之一，唤醒美术教师、学生认清其意义，了解图像识读的作用。

2. 加强专业培训

从一名美术教师成长为一名县级美术教研员，充分利用各种县级培训平台和机会，向全县美术教师介绍做好现状分析和成果应用的实际价值，引导教师优化教学方式，切实提高课堂效率。

3. 突出问题导向

通过组织美术专题教研活动，开展课堂观察与诊断等方式，让参与者共同发现问题、提出策略、引导思考，让教师了解任务驱动型图像识读对于改进课堂教学的实际价值，让教师从中内化运用，精准制定教学任务，真正识读图像之美。

4. 成员辐射应用

工作室成员来自全县各相关学校，他们就像星星之火，将成果应用到实际教学中，通过校本教研、联盟活动等，再次将成果辐射，让更多的教师了解知悉、转变理念，扩大应用范围。

五、应用效果

1. 强化素养引领

在美育改革的浪潮中，全县各校的美术课堂得到保障，美术教师更新了执教理念，把单纯意义的教技能转变为引导学生发现经典之美、生活之美、自然之美的教学方式，更加关注美术课的本质属性，让学生享受美术课堂。

第四章　关注过程　悠然「见美」

2. 优化教学策略

成果更加突出图像识读，注重任务驱动，对改进和优化教学策略起到助推作用，促进美术教学由"教"向"学"的转变，真正立足生本课堂，巩固学生主体地位。

3. 彰显以美育德

在美术教学中落实立德树人根本任务，通过主题化、项目化学习，让学生更加深入走进优秀美术作品，尤其是革命传统题材的作品，通过深度识读，引导学生积极表达、交流，从教学过程中习得德育素养，切实提高美术学科的育人价值。

4. 交流推广良好

成果先后在贵州省教师发展中心、贵州省教师教育学校、遵义师范学院教师继续教育学院、贵州省名师工作室联盟等组织的活动中交流推广，得到参会、参培教师的一致好评。

第五章

赋能美术　以美育人

如何唤醒和增强个体的道德需要，使道德教育由外在教育转变为内在教育？马斯洛认为，音乐、艺术中的有效教育，舞蹈和韵律中的教育要比通常的"核心课程"远为接近内在教育。因此，审美范式的教育实际上已成为马斯洛所设想的内在教育"核心"。①"从根本上说，最好的教导方法，不论是历史、数学或哲学课，都在于让学生意识到其中的美。"②我们有必要教我们的孩子领会统一与和谐，领会禅宗的体验，能够同时看到短暂和永恒，能够在同一个对象中看到圣洁和亵渎。

教师引导学生学习绘画、设计、工艺等图像识读，对不同材质、形式和内容特征的图像进行描述、分析、感悟，从而内化为自身心理意图、思想情感和审美理想，逐渐形成阳光豁达、健康向上的审美观念和文化认同，生成更为高尚的道德品行。苏联教育家苏霍姆林斯基说："美是道德纯洁，精神丰富和体魄健全的强大源泉。"这是美术教育更深层的价值和追求。作为美术教师，识读经典作品，传承优秀文化，积极赋能美术，让图像内涵深度融汇到学生成长视野，打消壁垒，贯通"五育并举"，立美立德，以美育人。

---

① 檀传宝.德育美学观 [M].北京：教育科学出版社，2008：55.
② 马斯洛.人性能达的境界 [M].林方，译.昆明：云南人民出版社，1987：192.

第一节　学生眼中的"美术"

很多教师说美术是边缘学科，学校领导不重视、家长不关心、学生不喜欢，只把美术课当成休闲罢了。真是这样吗？我选了三则教学日记，来描述学生眼中的"美术"，看他们是如何对待美术课的。

 案例

2011年11月12日　　星期六　　阴

我选我

之前上了一节六年级的美术课，明明跟同学们交代的是：请同学们认真完成美术作业，算是咱们师生的见面礼。可几天过去了也没见同学们的"礼"，我也因为前两天忙全乡科教文竞赛的事，就无暇顾及学生的"见面礼"了。昨天下午第一节是六年级的美术课，我走进教室的第一句话："同学们，咱们的见面礼哪儿去了？""什么见面礼呀？"一些学生说。"真的忘了？"我故意把声音拉长。同学们立刻反应过来，有的说交到刘老师那儿去了，有的说没有交，有的责怪没人收，有的说回家忘了搞……各种理由的都有，我知道，美术对于他们来说，或许已是可有可无的事了。那种种理由不过是在为自己找点面子而已。我没讲什么，径直走出教室，到了刘老师的办公桌上，果然发现了十多本美术作业。

我拿在手里掂量着，五十多个学生，就完成了这么几本，是什么学习态度呢？边走边翻看，那叫美术作业吗？是六年级学生的美术作业吗？简直不如一二年级的小朋友画的。但我想，我绝对不能在作业上做文章，否则会适

147

得其反，让学生反感美术，那岂不是宣告我的教学失败了一大半。

再次走进教室，站在讲台前认真翻看着同学们的作业，也不作声，倒是把同学们弄得莫名其妙，个个静静地等待我发话。把收到的作业本基本都翻了个遍，还随手拿起两本，张开向同学们展示。"同学们，请认真看这两本作业，你发现了什么？想说点什么？"我边向同学们展示，边慢吞吞地说着。前前后后地让同学们看了作业，才放下本子，走到同学们中间。先是找了两个我叫得出名的学生说，然后再叫了两个叫不出名的学生，他们几乎都重复着第一个学生说的话："画得还可以，只是没有上颜色，太单调了。"确实他们说的也不无道理，如果用上颜色，那画面肯定会丰富得多。但问题的关键并不在于此，而是作业从构图、内容表现等都特别随意，依然停留在一年级那儿，画些简单的花花草草，与教学的主题相去甚远，一点都不像六年级的学生画的。（当然这或许不能怪同学们，听他们说，他们压根儿就没上过美术课，几乎都被语文或数学教师占用了。）听了学生的谈话，我顺势而入，说："刚才同学们说的都是自己欣赏到的，是从自己的眼光来看的，我也想从我的眼光来说说我的感受……"我从构图、基本的透视关系、色彩对比、思想表现等方面粗略地谈了自己的感受，还结合生活中常见的视觉现象谈美术技法，同学们听了似乎收获很多，个个都听得很认真，俨然没有某些老师说的六年级的学生不好"招呼"的样。讲完之后，我主要以鼓励、激趣为目的，更要结合六年级学生的欣赏水平（他们不再满足于画一些简单的卡通图案，更倾向于写实，描画自己所看到的景象，也就是我们常说的画得"像不像"的层次上来），选择了教学物体的透视关系。我说这是四五年级的内容，我们今天来回顾。先是我在黑板上讲解示范，然后要求同学们以一个消失点，分别画出左上、右上、左下、右下等方位的立体图，感受物体所处的位置与视线的关系。示范完后，便走到同学们中间，去查看他们完成的情况，说真的，很大一部分学生没弄明白，但我看在眼里，不时凑过去纠正一下或者再示范一下，要让学生真切地明白物体存在着一定的透视关系。不知是我的教学引起了学生的兴趣，还是他们发自内心明白应该学点美术知识，总之每个学生都画得非常认真，包括那最调皮的几个学生。（他们喜欢打篮球，我有空时中午都愿和他们打打球，关系似乎要近一些，于是在课堂中管曾×叫"篮球王子",惹得大家呵呵大笑,其他几个学生我都以不同的方式表扬了他们的长处。)大家也就在那种一点没有压力、开心的氛围中完成了任务。

下课了,可学生的作业还没完成。我问谁是学习委员,他们都说去补课了。(不用他们说我也知道,因为学习委员被选拔到县参加竞赛,老师正在加劲为她充电哟。)我随口就说:"那谁来做个美术学习委员,帮我收一下美术作业本?""我来。""我来。""我选我。"……没想到我这么一说,竟有那么多学生愿意帮我干这事,难道这个收作业本的事是非常光荣的吗,还是其他什么原因?我不好选择,便把选择权交给学生,让他们共同推选一个就行。可他们谁都不示弱,都在向同学拉票,一时还真不知道选谁。我也被卡住了。就在我非常为难的时候,我发现始终推荐自己的学生分布在四个小组当中,于是灵机一动,就叫他们分别负责每个小组美术作业的收发,最终由王××负责收集帮我拿到办公室。这事就这样定了,课间十分钟也去了一大半,我匆匆走出教室。

回到办公室坐下来回想刚才的一幕,突然发觉始终"我选我"的学生竟是那几个爱打篮球,被我肯定和表扬的学生。我明明表扬的是他们篮球打得好,为何在美术课中又表现出那样强烈的愿望来帮我呢?难道这是在回报吗?我越想越觉得这事蹊跷,最不爱学习的学生争当美术学习委员,这是我第一次遇到。于是我就想,教师或许真的应该去发现学生的长处,充分肯定他的优点,让他看到自己自信的一面和骄傲之处,那样他就更有信心和理由去接触他人,在他人面前有做人的基本尊严。如果他一无是处,处处遭人嫌弃,那他心里会如何想,行为会如何表现呢?学生如此,我们成人甚至老人又何尝不是如此呢?人无完人,金无足赤。敢于赞扬别人的长处,就是尊重他人。做教师,就更应该如此,哪怕是细微的优点也可以夸大来表扬,相信给人的信念和力量是无穷的。有了做人的自信,那要克服一些学习或生活上的困难就会容易得多。

"我选我",让我明白了学生对我的信任和期待;"我选我",让我知道教师应该教给学生的知识并不是最重要的;"我选我",让我懂得教育的过程是你中有我、我中有你的生命对话过程。

第五章 赋能美术 以美育人

2013年11月18日　星期一　阴

明天你还来吗？

"你明天还来吗？我明天还要来。"小男孩真诚地问。这一问，一下子让我想起两周前的事。

那天星期六，我送孩子去跳舞，其间没事，我索性就在舞蹈室静静地看孩子学习。在临近结束的时候，一个小男孩提着书包坐到了我的边上，另一只手拿着一张画，像是刚画完。我欣然说了一句："小朋友，这是你画的画吗？""嗯。"他低着头准备把画装进书包。

"能让我看一下吗？"

"可以。"小男孩说着便递给我。

我接过画以后，认真看了看画面觉得有点意思，便说："你有多大了？"

"五岁，再过一年我要上小学了。"

"你这么小，能把画儿画得这么好，不简单。你能给我说说画的什么吗？"我一边看一边说，还用眼神征求他的意见。

"画的是猫和老鼠。"他的话似乎很少，说完后一双眼睛盯着我，不再准备说了。

"猫和老鼠之间的故事可多了，你能讲讲画的是哪一个故事吗？"我有意逗他，想让他讲讲画中的故事。（因为孩子的想法有时真的很奇特，想听听他能在猫与老鼠之间再演绎一个什么故事，我很好奇。）可是他却沉默起来。见他没行动，我又说："我能把你画的画照下来吗？我想保存起来。"

这下他很高兴，主动把画摆放在地上，让我拍照。我掏出手机，很快就为他的作品拍照了，还把拍照的效果翻出来让他看，此时他别提有多高兴，眼睛笑弯了，看他快乐的样子，我也乐了。也就在此刻，跳舞的孩子们听到"下课"的口令，一窝蜂散开了。各自迅速换好衣服，纷纷离去了。我也不例外，跟孩子换好衣服后，带孩子回家了。刚才的那个瞬间也渐渐淡忘了。

可上周六，我照常带孩子去跳舞，在快要结束的时候，小男孩又坐到了我的边上，迅速从书包里取出一张画，说："你看，再照一张吧。"我很惊奇，小男孩居然把那个细小的动作记下了。看着小男孩兴致勃勃，我高兴地拿出手机又为他拍了一张，刚拍完，他就拿过我的手机，在照片集中寻找，一张又一张地翻过，很快就找到了那天为他照的第一幅画。他笑了，跟我说："你明天还来吗？我明天还来。"还没等我回答，比他略小的妹妹把他叫走了。

"我明天还来吗？"之后这成了我自问的问题。小男孩太可爱了，他是多么需要得到别人的认可和赞赏。我不说我的行为能为他带去什么，但至少在他看来，我是很欣赏他的，也很欣赏他完成的画作。那个细小的拍照动作，不过是举手之劳，但在他眼里，那是对他作品的最高认可。

这让我想到了我们作为教师在评价学生的时候，那些激励的话、评价的语言是否真的发挥了作用。小男孩一定从中得到了莫名的力量，不断驱动着他把画画得更好，以让我再为他拍照。就是这样一个单纯的想法，如果小男孩持续努力地画，我相信终有一天，他的画会得到更多人的拍摄。作为教师，有没有必要为孩子鼓上那个劲呢？我想，很有必要，小男孩能自己将小帆船向前划行，但若能给他一缕风，吹动小帆船，那他将前进得更快，划行得更春风得意。

2016年11月10日　星期四　阴

请给我99分吧

看着一本一本的美术作业，我真的感受到孩子们丰富的想象和那颗稚嫩的童心，天真可爱，给人天真烂漫的感觉。没有成人绘画的纯熟和理性，完全是按照他们跳跃的心律音符来画，尽管画面不够和谐完美，用笔不够考究，但表现率真，同样给人美感。其中何××的《太空游玩》最为突出，他用大面积的黑色占据画面，用黄色、白色画了点点星星，再按自己的想法画了太空飞船，在黑色的夜空中穿越，画面让人切实感受到太空的深邃、神秘，加上那可爱的飞船，可以想象在她心里，一定是乘着那美丽的飞船在夜空中游玩，心里可高兴了。我毫不犹豫地给她写下评语（你的想象真让我佩服），并评了优秀。心想，这样的画法，在孩子的视野里，确实是需要一点想象力和空间感，评个优，既是认可画法，又是对想象的赞许。

151

在批改到一些精彩的作业本时，总要认真欣赏一下，然后才慎重地给予评价，我担心我不小心的评价，把孩子的满腔信心给泯灭了，那岂不成了阻碍孩子们美育发展的障碍。一本美术作业，在许多教师看来，大致看一下作业的画面、色彩等，随便打个分数就完事了。但我似乎不一样，我是真真切切的要对孩子们的画看上一阵，真想揣摩孩子的内心世界，以抓住他们的心理，给他们最真实、最有力的评价，让他们体味到学习美术的乐趣，从而不断发挥自己的潜力，画出更多更好的画。倒不是说要培养他们成为美术家，而是想让他们懂得欣赏美、发现美，用美的元素丰润他们美丽的人生，提高美育素养，让生活更有滋味、更有美感。

想了这么多，一本又一本的作业，在我红色的笔下划过，我也大致记住了那些可爱的画面。

贾×，一个同事的侄女，这学期才转到我们学校，一个挺可爱的小姑娘。看到名字，一下子就想到平常我们拿她开心的情境。打开作业本，作业完成得真不怎样，几个简单的圆、方形组合，真看不出半点美，也看不出所要表现的内容。心里一下子有些怀疑，没想到小姑娘的画画得如此一般。就在我摇头的时候，一行细小的字映入眼帘：王老师，对不起，我真的不会画，好不容易才画成这样了，请你给我99分，不要告诉孔老师哟！呵呵，这孩子，不会画，还想得到最好的评价。这是在给我出难题，我该如何是好呢？打个99分吧，别的孩子看见会怎么想，一定会认为老师偏心。同事的侄女就是不一样吗？如果不给，那她下次还会那么认真地画吗？尽管画得不好，但从那作业本上反复涂改的痕迹上可以看出，她是费了心思的，也是付出极大努力的。一本作业让我着实费了些神，真不知如何是好。

想着想着，我笔一划动，在作业的右下角写下：努力就会有收获，相信你下次会画得更好，我期待着……还在作业上方打上98分。为什么打98分呢？我想让她知道，与她需要的99分还差那么一点距离，只要用心去画，就一定能实现自己的梦想。合上作业本后，又再次打开，看是不是评价妥当。我也认真分析和思索自己的用意，才把作业本放到边上。

课堂上，学习委员在发本子。这会儿我有意识地观察着贾×的表现，看她到底会是什么表情。她打开本子一看，先是一下子开心地笑了，而后脸又红了起来，同桌要看她的本子，她硬是没给。之后的绘画中，我发现她格外认真……

从以上三则日记来看，作为美术教师的我，梳理了四点想法。

一、正确理解学生的学习心理预期

每个人在做每一件事时，首先都会对此事的结果有一个心理预测，或叫期待结果，那个预测的结果也可以说是心理预期。学生在学习的时候，肯定都会有一个心理预期，哪个孩子不想成为优秀的学生，不想取得优异的成绩呢？只是由于多方面的原因，没能达到自己的预期效果。同样的道理，学生在完成作业的时候，也期待教师能给个最优的评价，尽管有时预期与自己的实际表现差距很大，但有这样的期待是没有任何错误的；有这样的想法也是常理的事。所以，在面对天真可爱的学生的时候，他们有任何心理预期都是可以理解的，因为他们还不具备分析、调整心理预期，面对现实情况的差距的能力。贾×同学在努力完成自己的作业后，我所写的那句话，实际就是她的学习心理预期，她也想树立起学习的自信，也想把作业表现得完美。小男孩问我"明天还来吗"，其实就是期待下一次对他的认可和表扬。希望成功、渴求赞赏是每个人心底的需求，我非常理解他们的这种期待。作为一名教师，应该要有一颗宽容豁达的心去面对学生，允许他们天马行空的预想，允许他们不着边际地对未来的预测，因为那是他们对美好未来的一种期待和向往。

二、关注学生学习心理预期的价值取向

理解学生的心理预期，不是说不论学生乱想什么，都一味地肯定和认可。心理预期也有优劣之分，好的心理预期可以鞭策学生努力上进，不良的心理预期会导致学生走向不好的发展之路。如果学生在遇到不顺心的事，心理极其烦躁的情况下，会产生一些不良的心理预期，从而引发一系列不良的行为，如愤怒之下会产生"破坏""捣乱""冲突"等想法，如果没有正确的引导，就会导致不良后果的产生。所以，教师在了解学生一定的心理预期后，要做出正确的价值取向判断，绝不能任由学生胡思乱想，特别是一些不

良的心理预期，一定要阻止在萌发状态。教师要让学生明白什么样的心理预期一般会产生什么样的结果，当然这个结果与预期或许有一定的距离，但大体方向是一致的。贾×的心理预期是良性的，她希望通过努力得到教师的认可，引起教师的注意，应该给予支持。"我选我"孩子们的心理预期是善良的，我肯定给予肯定和支持。小男孩的想法也是美好的，我自然会赞许。

三、找准满足学生心理预期的切入点和引导策略

心理预期可分为长远心理预期和近期心理预期。满足学生的心理预期是一件非常不容易的事，单就某件事而言或许好办些，就像贾×对自己作业评价的心理预期，教师可以及时给予满足，但如果是一个长期心理预期，不是很容易满足的。小男孩的心理预期就有点难以实现，因为我不敢保证每个星期六都如期而至，需要一段时间、一个努力的过程，甚至一些艰辛的付出等，这和个人的奋斗目标或者理想差不多。作为教师，在充分了解学生的心理预期之后，要找准一个近期心理预期满足的切入点，理清长远心理预期的引导策略，这是帮助学生成长的重要因素。

就拿日记中的案例来讲，贾×的近期心理预期并不高，只是想让老师给个99分，就能让她满足，可这其中的长远预期则是她对美术产生的兴趣爱好，甚至热爱。但我没有给予及时的满足，而是留有一点悬念，一小点距离，给了98分。只一分的差距，让她看到满足心理预期的距离，也得到一份信心。我为何又不给99分呢？如果一下子就满足她，她会觉得这期望来得太容易，会失去激励性。相反，如果只给她60分，那她的心理定会灰暗下去，因为在她看来，那个距离太遥远、太不可能，几乎失去了预期的价值。给学生一份信心，不断帮助他们缩短与心理预期的距离，那他们的人生之路定会走得激进昂扬。所以，针对不同学生的不同心理预期，教师要具体剖析，选择最佳的切入点和巧妙的引导策略，真正把学生引到他心理预期的方向上来，帮助他努力向前，向心理预期靠近。

四、注重学生长远发展，变心理预期为发展理想

都说教师是学生发展的引路人，确实如此，教师要努力挖掘并发扬学

生的长处，通过教育的策略引导，激励学生上进，促进学生发展，引领学生完成人生的航向定位，并在此过程中掌握扎实的知识和技能，丰富充沛的情感体验，感悟正确的价值取向，形成终生有用的行为习惯和学习能力等。教师在这个过程中着实辛苦，也煞费苦心，因为每一个学生都有一个自己的世界。在每个学生的世界里，教师要去了解、关注、去引领。

在平常的校园生活中，学生会有意无意地透露出他的心理预期，这需要教师留心每个学生，从平常的言谈举止中感知他们内心世界和心里最需要的东西。那是他们成长的助推器，也是学习的源动力，更是积极上进的兴奋剂。教师要了解这些，一定要合理利用这些有效的资源，帮助他们树立理想，不断挖掘潜力，走向更好的成长道路。如果教师对学生的一些心理预期不管不问，会让学生丧失学习兴趣和动力，也会失去一些发展机会。

每个学生都有一种被关注、被认可、取得成功等正面的、阳光的心理需要，正是这样的心理需要，学生会时常表现出他们的心理预期。美术教师亦如此，三则日常记录的教学日记，从正确理解、关注价值取向、找准切入点和引导策略、变预期为理想四个方面进行梳理，在学生眼中，美术或许真不是我们教师自以为的那样，希望美术教师永远要正确认识美术学科的育人价值，不要自我放弃、自我贬低、自我边缘。同时建议教师们以大美的心态，正确理解学生的心理预期，关注其价值取向，巧妙引导和顺势切入，立足学生长远发展，变心理预期为发展理想，用一颗大爱之心去发现、去关注、去助长，切实呵护学生稚嫩的心理预期和最初的梦想。

第五章　赋能美术　以美育人

第二节　美术教师要"专一"

作家冯骥才在《刷子李》一文中写了这样一段话："刷子李专干粉刷这一行。他要是给您刷好一间屋子，屋里什么都不用放，单坐着，就如同升天一般美。最让人叫绝的是，他刷浆时必穿一身黑，干完活，身上绝没有一个白点。别不信！他还给自己立下一个规矩，只要身上有白点，白刷不要钱。"细读这段话，我在思考以下几个问题：

（1）"刷子李专干粉刷这一行。"这个职业高尚吗？他的职业信念是什么？

（2）"他要是给您刷好一间屋子，屋里什么都不用放，单坐着，就如同升天一般美。"他的工作效果如何？专业水准怎么样？

（3）"最让人叫绝的是，他刷浆时必穿一身黑，干完活，身上绝没有一个白点。"他的工作状态怎么样？对职业的自我要求高不高？

（4）"别不信！他还给自己立下一个规矩，只要身上有白点，白刷不要钱。"职业操守是道德底线还是高标准，职业自信又如何？

"刷子李"是美的，他能从工作中找到美和快乐，也能将美传递给他人。作为美术教师，与"刷子李"相比，我们是否也发现了教书育人过程中的"美"呢？我们该如何定位自己的角色，树立职业自信呢？

2009年我曾写过一篇名为《今天的这些"事"》的教学反思：美术教学基本没事，课前预设区区小事，临阵上课无所事事，师生互动互不碍事，学生作业草草了事，教学评价打分完事，美术发展相安无事。具体回顾了美术学科及美术教师的境遇，美术成为任何人都可以上的课程，很多美术专业毕业的科班生都纷纷"跳槽""改行"，以教语文、数学等学科为荣，也可深得学校领导的重视。当然也有另一个原因，语文、数学是家长高度重视的学科，也是学校高度重视且每年必考的科目，是彰显学校发展业绩的最好证明。但我以为，以牺牲学生审美情趣和个性发展为代价的教育，是不健美的教育。

李力加教授认为，美术专业教师应具备三方面的素质：美术学科专业表现素质、教育专业教学和科研素质、相当水平的综合文化素质。美术教师的"高"体现在既是艺术家，又是教育专家；既了解艺术的真意，又善于引导学生体会，以自身的学养、人格、形象魅力影响学生对艺术的直接感悟，又能从大课程观出发自觉地启发学生。最终目标是从艺术家和教育家两个方面去培养和评价美术教师。学习美术的至高境界是成为人文学者，从事教育的至高境界是成为课程专家。懂课程和懂艺术是美术教师的基本素养，是实现艺术教育理想的双翅，缺一不可。

如果美术教师都是这样的，那美术课程的境遇会是如何呢？当然这是理想状态，但这可作为美术教师自身发展和进取的航标，也可作为自身价值呈现的终极追求，更可作为美术教师的精准角色定位。

教育就是一个承载助力与包容共生的过程。教师的专业存量决定承载力，教师的敬业精神决定助力实效，教师的胸怀信念决定包容指数，教师的无私大爱决定共生活力。由此，我想说：美术教师要"专一"，持之以恒坚守自己的专业，不断成长和发展。美术教师如何做到"专一"？

一、拓宽关注点

长期以来，美术教师都注重美术技能的传授，注重技法的训练，注重学生完成的作业，这似乎没错，但是到高年级，学生学习美术兴趣越发淡化，为何？在美术核心素养提出后，图像识读、美术表现、审美判断、创意实践、文化理解逐层上升，既以器上要求，又从道上引领，完成学生对美的认识、判断、表现和文化认同。学生学美术，从某种意义上讲，是以图像、视觉的方式认识世界、表现世界，甚至创造新的视觉世界。从这个视角出发，美术教师更需要拓宽关注点，而非单纯的绘画技能。因为教师这个角色决定了教师视野的宽度和人文素养的高度。

第一，关注生活，关注学生的生活环境和认知水平。陈望衡教授在《美学是未来的伦理学》一文中写道："美育被忽略，德育的成果就无法保持。"檀传宝教授说："美学是未来的教育学。"[①]今天的教育是为明天的生存、生活作铺垫，教师要切实关注学生的实际生活和学习能力。

第二，关注生活与美术的关联点。美源于生活，又高于生活，这"高"的距离是怎样产生的？高在何处？意义何在？

第三，关注学生的兴趣点。不是每个学生都喜欢中国画或油画，艺术之所以百花齐放，就是因为人的差异性、个体性。

第四，关注学生的认知方式。每个学生的年龄不同、性别不同、地域不同、认知世界的方式不同，导致流派、风格的出现。

第五，关注学生的内驱力和目标导航。学美术的终极目标是什么？从历史、文化的角度激发学生的源动力，把培养慧眼和审美情趣作为健全学生人格的元素进行丰富和完善。

在具体的美术教学中，也有很多值得关注的点：在课堂的场景布置上关注视觉性，在活动设计上注重趣味性，在师生互动上强化生成性，在评价环节强化激励性，在成果展示上讲究艺术性，在资源挖掘上凸显地域特色，在情境创设上回归生活，在审美表达上尊重独创性，等等，这些都是需要教师关注的。

二、坚守学科本位

立德树人是所有学科都应贯穿始终的育人灵魂，也是教育的本真归宿，它回答了教育的根本宗旨和根本任务。核心素养是当下教育最为炽热的词，上至教育行政会议，下至教师沙龙，都会以学生核心素养的培养为焦点，这是顺应教育自然生态的产物，也是教育反省回归自然的需要，是培养合格公民所必须倡导的教育主张。当然，美术教育一定要有美术味儿，不能把美术课上成文化课，喧宾夺主。

主题教育既是对教师教育思想、教学设计的一种引导，更是一种方向，

---

① 檀传宝2013年在北京师范大学第二附属中学演讲。

在信息碎片化、知识零碎化的当下，建议教师设计主题教育课程，从更宏观的层面引导学生走进立体的知识探索空间，并从中获取知识和能力，而不是单纯机械地记忆某个单一的知识点。这是对教师教育思想的一次跃进，是改变单一学科本位的教学思想，更是立足学生核心素养所必需的课程设计。陶行知先生说："千教万教教人求真，千学万学学做真人。"这告诉我们，"真"比一切都重要。真思考、真问题、真情境、真答案、真做人、真道理……

美术是极其倡导个性张扬、独立表达的学科。在现实的教学中，我们常常会发现一些整齐划一的图式，统一标准的色彩搭配毫无创意、毫无个性，但往往还能得高分，而那些色彩丰富、构图别致、创意十足的作品却被老师拒之门外，只因与评判者的思维、视角不同而已。所以《全日制义务教育美术课程标准（2011年版）》明确提出"尊重学生个性，凸显个性表达"是非常有必要，而且是必须的。

三、聚焦专业发展

坚持"两条腿走路"，分别从教育和艺术着手，平衡专业发展。一是加深专业理解，解决实际问题。对美术学科的专业理解，是教学问题解决的关键，如美术学科的四大领域、核心素养等，需要从美术学科专业出发去理解，为学生提供专业的指导。二是以能力诊断为导向，提高教学效率。美术教学时，认真审视自我，从能力诊断导向为自己的教学提供解决问题的策略与方法出发，切实提高教学实效。三是精准定位教学目标，凸显目标导向。美术教学的根本目标是改善学生美术能力，提升美术素养。教学设计与教学实践的核心是关注学生学什么、如何学、学到什么程度，精准定位，让教学目标更明确。四是改善课堂教学思路，彰显课堂特色。教师要特别关注学生经验的唤醒，提前预设引发的问题与探究、恰当的情境创设与互动、真正的合作学习、利用室外与室内互动补充等，不空谈"美"，强化学生身心和视觉体验，改善思路，让课堂有特色。五是因地制宜开展主题探究，养成课程研究意识。根据自己的学养基础，结合地方文化资源、校园文化定位等确定课题研究，树立课程开发意识，增强课程研究、实践能力。六是强化美术技能技法培训和室外写生提升。通过室外写生、作品交流、技

能（作品）比赛等，切实提升专业技能，为美术教学走得更远打下坚实的基础。

美术教师要在专业上下功夫，既要让学生"信其道"，更要让学生"敬其道"。学科本无贵贱之分，在德智体美劳五育并举发展的当下，更需要大量专业的美术教育工作者支撑起美育教育的蓝天。

四、注重修身养德

"大学之道，在明明德，在亲民，在止于至善。知止而后有定，定而后能静，静而后能安，安而后能虑，虑而后能得。物有本末，事有始终。知所行后，则近道矣。""古之欲明明德于天下者，先治其国；欲治其国者，先齐其家；欲齐其家者，先修其身；欲修其身者，先正其心；欲正其心者，先诚其意。欲诚其意者，先致其知。致知在格物。物格而后知至，知至而后意诚，意诚而后心正，心正而后身修，身修而后家齐，家齐而后国治，国治而后天下平。自天子以至于庶人，壹是皆以修身为本。其本乱而末治者，否矣。"《礼记·大学》中的这两段话，告诉我们"立德、修身"的重要性，对于今天承担教育使命的教师，当首先修身养德，提升品行和魅力，方能符合"立德树人"的教育初衷。

思考：是否从学生的作品判断他的性格、心理、志趣、认知等？教师的图像识读能力仅限于美术领域吗？过分在乎学生在绘画中的色彩、造型等，对学生的审美认知有影响吗……

2020年春季学期结束时，我县组织了一次县级统一美术质量监测，其中在美术表现时，出了一道命题绘画，题目叫作《和谐相处》。当这道题目出现在美术教师面前时，大家都不知所措，觉得这也能用来监测学生？大家在美术教研群中讨论起来。美术作为县级的质量监测，这是第一次，而且又出了这么个题目，真不知学生会如何表现？大家既担心又期待。在评卷过程中，陆续有教师把评阅到的有代表性的作品截图发到群里。大家又积极讨论起来，学生的表现其实并非教师所估量的那样。如果学生真诚地表达，敢于表现心中的想法，甚至突破一些固定的思维，那么他所呈现的作品远远超出我们的想象。

就像图5-2-1中的四幅图，一幅表现了每个人外表与内心、喜与悲、白与黑等的和谐，如何化解思想的矛盾冲突，达到自我的和谐统一，这似乎已超出了美术表现，既更具个性和情感，更具思考和伦理。一幅表现两只小鸟相依相偎，干枯僵硬的树枝显得极不协调，如何追求动物与环境的和谐成了学生思考的主题，这难道仅是绘画吗？虽然画面不尽完美，但我们可以透过画面，看到一个个认真思考的学生。一幅表现了天体宇宙间的和谐共生，动物与自然，阳光、雨露与自然万物的相辅相成，表现了这个空间的和谐，这份存在的和谐，亦表达了和谐相处这一主题。还有一幅画了一棵树，树下有两只猫，给人无限的遐想。是在等待还是在静享，是在回忆还是在谋划？……

图5-2-1　学生作品《和谐相处》

美术教师的生命始终与美术文化传承、弘扬和发展的使命是同行的。美术教师只有真正学会做人师，自觉在德行、才学、识见、能力等方面不断修炼、锻铸、植入自我人格，提振专业自信，以健美的心灵和智慧育人，陪伴学生健康愉悦地成长，使美术教学在学生的精神生命中生发出持久、深远、素朴、深入人心的影响，让大家慨叹"美术教育其实很美"，不仅是语文或数学，美术教学颇有一道靓丽的风景。

有德才能爱岗，敬业才能奉献。修德，增强职业认同感，提高职业幸福感，以满腔热忱关注教育发展，陪伴学生前行。在平常的工作中，有的教师或许有倦怠，或许有无奈，或许有厌烦等，导致对工作不上心，对学生不尽心，但为人师者，启智润心，培根铸魂，要切实修好德，干一行、爱一行、钻一行，方能走得更远。

第五章　赋能美术　以美育人

第三节　美术课堂需"共生"

　　"共生"原本是指两种不同生物之间所形成的紧密互利关系。但在课堂上，教师与学生其实也是"共生"关系，学生为教师提供职业生存的条件，在教师的教导下健康成长，是主体；教师为学生的发展提供生长性帮助，在学生的成长中自身也获得更专业的发展，是主导，二者相互依赖、彼此有利、共存共生。

　　在现实的教学中，一部分教师的观念、认识依然占据主导，认为课堂始终以教师为主，这必然会使传统性课堂居多，教师大量讲授为主，忽视了学生的主动学习；也有的教师一味强调以学生为主，成了纯粹放羊式的课堂，教师没有发挥主导作用，任学生自由发展，这也不是课堂的本真。所以，课堂应该是"共生"样态，也需要处理好共生关系，教师和学生都应是课堂的主人，只是师生的存在性目的不一，教师因势利导、因材施教，学生主动求学、置疑创新，让"教"与"学"实现等值甚至增值。

一、"共生"之学生主体

　　教育家约翰·杜威提出"儿童中心论"，认为教育的目的正是根据儿童的自然禀赋，通过组织某种适当的课程，使儿童这种与生俱来的能力得以生长。因此，课程的组织必须以儿童为出发点，课程设计要符合儿童的需要、本能和兴趣。"儿童是起点，是中心，而且是目的。儿童的发展、儿童的生长，就是理想所在，只为儿童提供了标准。我们必须站在儿童的立场上，并且以儿童为自己的出发点，决定学习的质和量的是儿童，而不是教材。"因此，在教学时一定要以学生为主体，结合学生的学习需要、本能、兴趣、认知水平等综合考虑，给学生一个自由开放的空间，让学生充分彰显个性，释放能量，展现精彩的自我，而不是统一的模样。

《五彩的烟花》是浙美版小学美术一年级下册第1课的内容，意在通过介绍中国传统节日放烟花的习俗，表现烟花灿烂辉煌的瞬间。教材选择以油画棒或蜡笔与水彩涂色相结合为主的作画方法，目的是培养学生初步的作画能力，进一步培养学生平时观察和表现美好事物的能力和良好习惯。有一次走进一位教师的课堂，恰好聆听了本课的教学。课后，在与教师交流沟通的时候，忍不住说了一句："'统一思想'是美术教学的'大忌'"，之后便与教师一起交流了这个话题，重点探讨以学生为主体的美术教学。

农村美术教师专业水平参差不齐，多数都是非专业的教师勉强为之。他们对美术教学的定位仍然停留在"临摹""画画"的初级层面，课堂上对学生的引领几乎为零，做得更多的是上课后对学生提出要求，然后让学生动手画，画完后教师打个分数简单评价即完事。就像《五彩的烟花》这课一样，某教师走进课堂后，直接讲述了一番关于燃放烟花的时间、地点及注意安全事项后，便要求学生拿出绘画工具，画一幅烟花，在画的时候，先看书上的步骤，按照步骤一步一步地画，看谁画得最快、最好。教师便在学生间游走，偶尔与学生交流两句。三十分钟过去了，学生画得差不多了，纷纷拿着作业本向教师展示，教师倒也认真，对每个学生的作业都瞅上一眼，但没有更多的指导性评价。最后几分钟便在收集作业中匆忙溜过。然而作业差不多都是"依样画瓢"，一个模子印刷的一样。美术课成了加工厂，学生的主体地位、情感、个性、想象等都去哪儿了？

与教师探讨时，我说责任应该在教师，不能怪学生。只要教师的教学思想开放，敢于大胆放手让学生无拘无束、天马行空地想象，再在表现技法上不予限制，学生一定能画出更多有情趣、有故事、有个性的图画。

1. 生活的环境不一，对身边物象的观察了解不同

本课教材中列举的图片多为节日焰火的场面，黑暗的夜空中五彩的烟花竞相绽放，让城市学生切身感受到烟花的色彩丰富、造型奇特、形式多样等。而农村学生，他们对这样的场面是相当的陌生，即使见过，也是在电视上偶尔看到，未必能引起学生的有意注意，未必能切实感受那样的场景。这

就需要教师关注实际，把学生的视线引向他的身边、他的生活。农村现在也流行燃放烟花，如春节、节庆、丧事、祭祀活动等，虽然只是零星的燃放几支，但在学生眼里也会产生独特的美感。特别是春节，烟花爆竹是大多数家庭必备的年货，教师何不从学生的实际生活出发，让他们谈谈自己的春节是怎么过的，都放没放烟花，感觉怎么样，烟花有哪些颜色、形状，为什么会选择在夜晚燃放，激起学生的生活积淀和兴奋点，学生定会开心地将自己的想法表现出来，定会收到不一样的教学效果。因地制宜，以学生为主，关注学生的生活环境，让学生发现自己身边的美，是美术教师不容忽视的职责。生搬硬套教材只会使课堂索然无味，让学生丧失学习兴趣。

2. 站的方位立场不一，观察事物的角度不同

"横看成岭侧成峰，远近高低各不同。"这话相信没有人会质疑。学生在进行创作的时候，其所站的方位立场肯定不一，导致观察事物的角度不同，创作出的作品自然也就不一样。如果教师要求学生都按教材上的方法逐步地进行，那还有什么不同的角度呢？坐在我旁边的一位学生，刚开始他也跟着教材上的步骤画，很快就画完了，似乎就等待教师打分、评价。我看后，画得着实不怎样，于是我悄悄地跟他说："你今年春节看到烟花没？自己放过吗？"他点头。"那你放的时候都看到了烟花是什么样的？能画一画吗？"他看了看我，然后埋头开始画起来，我一边关注课堂的进度，一边看着他是怎么画的。快下课了，他还没画完，因为他在画的过程中，不断地思考、调整，不断地修改、增加，使画面渐渐地丰富起来。

课后，我与他聊了几句，主要是想听听他画的是什么、为什么要选择这样画、有什么心情等。他简洁地说了他画的场面——白天放的烟花，由于是白天，只能看到零星的烟花，其中以红色最为突出，其他颜色都看不清。所以他在画的时候，尽力强调红色，把烟花变形，占据画面的中心，画的下面是几个小孩子站在乡村马路上手舞足蹈，边上还画着连绵起伏的山。这一下子让我感触到，绝不是学生不会画，是我们教师太多的干扰让学生反而不会画了。教师作为教育教学的强势群体，言行举止都会给学生造成强势的影响和限制，学生是弱势群体，很容易受到影响。特别是课堂上，教师的教学要求就像一道命令，学生要无条件地执行。所以教师在设计教学要求的时候，一定要慎重，要全面考虑学生的状况，站在学生的立场去施教。

美术是一门倡导多元、百花齐放的课程，每个学生都会从自己的方位立场去观察，得出的观察现象是不尽相同的，如果教师硬要整齐划一，那么课堂必定死气沉沉，学生会厌倦、无兴致，更别说培养学生的创造力和想象力了。

3. 个体情感趋向不一，表现对象的侧重点不同

"世界上没有两片树叶是相同的。"树叶如此，人更是如此，每个人都存在着个体情感上的差异。教师在教学中对待学生的个体情感是倡导、规范还是抑制；是引导、培养还是强硬的限制，这要视教师的思想、胸怀、素质而定。同样是表现五彩的烟花，但在学生的情感世界里，烟花也附着上许多个人的情感。同样是烟花，为什么会在不同的场合燃放呢？春节放的比较多，节庆会放，现在农村的丧事也流行放烟花，那在学生的眼里，燃放烟花就不一定是快乐的、兴奋的。例如，我看到有一个学生的画，他把烟花全画成了黑色，而留出白色来反衬。这哪像是五彩的烟花呢？就是一幅黑白的烟花，这与常理有点不相符。但教师不光没在意，还强调让学生把颜色画得丰富些，因为"五彩"嘛。同样是五彩的烟花，学生选择表现的侧重点也会不同。有的学生会在烟花的造型上用力，有的学生会在色彩上下功夫，有的学生会把自己放烟花高兴的样子画出来，有的学生会在自己想象中的烟花上思索，每个学生的个体情感不一，其选择表现对象的侧重点也就不同。

作为一名美术教师，需切实关注学生的情感世界，让学生的绘画表现来反观其内心世界，通过正确引领和开导，让每个学生的情感变得积极、健康。就像那个画黑白烟花的学生，我想他的内心世界或许正在经历创伤。我们不要只关注教材，不要只注重对教材内容的施教，要关注学生的成长，关注学生的情感世界，美术表现是通向学生心灵的一条通道，美术教师以培养学生健全的心智、和谐的审美、健康的人格为己任，切实发挥教师的引领作用。

4. 个人偏好的表现形式不一，表现技法不同

一年级的学生处于涂鸦阶段，只是凭着自己的感觉画出物体的轮廓和

167

外部影像，在表现色彩时也完全是按照自己的个人偏好去进行，他们没有对物象细致观察和逼真表现的需求，完全是自我情绪的展现和挥发。这些天真烂漫、朴实无华、无拘无束的学生能够创作出异常富有想象力的图画，尽情表达他们内心的世界。虽然教师在课上做了统一的要求，按照教材上的步骤一步一步地画，但我仔细观察学生，在统一的要求下，他们表现的形式、技法也不一。例如，有的学生用水彩笔画得非常细腻，线条整齐排列；有的学生用蜡笔大势涂抹，很有浓墨重彩的感觉；有的学生小心翼翼，用笔非常谨慎；有的学生画得非常夸张，大构图，留有少点空白；有的学生谨小慎微，在图画本的一个角落里画着细小的烟花；等等，真是千人千面，绝不雷同。但在面对这样众多的表现形式时，教师不能袖手旁观，而应站在"审美"的角度，帮助学生把他心中的美景表现出来。对于表现的技法，不能总是以教师的标准去要求学生，而应在学生自身的基础上帮助其丰实和完善。对于学生的构图，教师则应加以正确引导，帮助学生逐步建构起美术构图意识，从而更好地表达内心情感。

5. 兴趣爱好的偏重不一，表现欲望不同

不是每个学生都愿意学习绘画，在课堂上，有的学生津津有味地参与其中，有的学生却东张西望、无所事事，有的学生则调皮捣乱、影响他人，等等。正因为兴趣爱好不一，他们在课堂上表现的积极性也大有差异，对于绘画表现的欲望更是不同。有的学生不用教师讲也愿意投入到绘画的快乐当中，有的学生就需要教师提醒、点拨，才愿意涂几笔。兴趣是学生成长的最好动力，如果在课堂中没有激发学生的兴趣点，没有激发学生的表现欲望，那学生参与学习的积极性肯定会大打折扣。所以教师在面对不同的学生的时候，应该差异性的对待，给学生弹性的学习空间。

例如，本课的教学中，就有学生提出不想画烟花，想画别的。教师却毫不商量地否定，要求必须画烟花，要完成作业。学生也许在教师不允许的情绪之下勉强为之，但绘画的认真劲和画的效果又会如何？带着抵触情绪做事，效果必定不会最佳。试想，如果教师换个说法（这个完全可以，但是我们今天的学习任务是表现烟花，我想你一定能画出漂亮的五彩烟花，老师特别期待欣赏你画的烟花），征求一下学生的意见（你要画别的那当然可以，但可以用课下时间去画，好吗？），或者听听学生的真实想法（怎么想画别的呢？画五彩的烟花不好吗？有什么困难吗），等等，那学生又会怎么想呢？对他之后的学习情绪能起到什么作用？学生在得到教师的尊重之后，也会尊重教师的安排和要求，甚至会带着感激和信服完成教师安排的学习任务。如果教师只一味强调自己的教学思路，让学生紧紧围绕其创作而不越雷池半步。只强调教师的"教"，而不关注学生实实在在的"学"，这样的教学恐怕对学生的启发、引导、激励、唤醒、生发等作用不大，只会导致大量的学生厌学、辍学。

那些成功人士往往是伴随着自己的兴趣爱好一路前行的，把更多的精力、思维都孜孜不倦地用在兴趣点上，形成了不竭的源动力，使兴趣点逐步扩散，影响自己一生的选择。在这个过程中，教师就成了导航和参谋，帮助学生确立目标，不断树立自信，合理引导，让兴趣爱好与成长发展和谐统一，而不是扭曲、违背。相信那些最感人的作品便是爱好、性格与教育和谐共生的结果，渗透着人性的智慧之光和真实的情感表现。

6. 对美术的认知水平不一，表现的能力不同

对于一年级的学生来说，谈对美术的认知水平确实过早，毕竟这个阶段的学生尚处于涂鸦阶段，还不能用美术的认知去权衡他们的水平。他们完全是一种个性使然，凭借一时的兴趣、爱好、兴奋点等，将自己的感受、情绪用线表现出来。但细心的教师会发现，尽管是涂鸦，他们表现的能力和水平也是存在差异的。有的学生会潜意识的在构图、形状、色彩等方面作精心的安排，能切实表现自己内心真实的想法；有的学生却犹豫不决，反复涂改，以致本子的纸都被弄破了；有的学生大大咧咧，用蜡笔横竖涂画，既无构图上的美，也无色彩的和谐；有的学生胆小谨慎，把图画得极小，而且居于一个小角，与画面不协调；等等。这说明他们也存在一定的认知水平差异，同样需要教师去关注。因为认知的差异性，表现的能力也会有差异。学生对事物的观察是与其认知密切相关的，教师要在教学中融入学生的认知现状，再巧妙地引导扩散，逐步建构，提升认知能力和水平。

学习是一个滚雪球的过程，在教师的引导下不断向前滚动的学生，知识的储量、能力的训练、视野的广度、思维的深度就会越滚越大。如果停止

第五章　赋能美术　以美育人

不动或滚动的方向不对，不但不会积累、反而会习染不良风气，最终丧失学习的兴趣。如果教师不在学生现有认知水平的基础上加以引导、助推，那画得最好的学生也会在不久之后失去兴趣。所以，教师在教学中，关注个体差异，让松树成长得高大挺拔，让小树成长得舒展惬意，也让小草成长得绿意盎然。

学生是课堂的主体，但每个学生都是不同的个体。由于个体差异，也需要学生之间寻找"共生"，求同存异，不能让学生相互抹杀兴趣和激情，而是鼓励学生大胆创新，敢于表现自我，把心中对美的感受和情感表现出来，这样的作品才更具人情、人性、人品。

二、"共生"之教师主导

教师主导是教学理念的体现，也涉及教学方式、方法的问题。什么样的思想理念会产生什么样的方法手段。教师的引导，体现教师课程领导者的角色地位。学生的学习是一个由认知能力、学习情趣、思维方式、学习方法、学习习惯等多种因素构成的动态系统，而教师的"导"，与思维训练、创造训练、心理品质等都有密切的关系。所以教师的主导角色，也体现在教师是学习目标的制定者、重点难点的突围者、策略方法的设计者、课堂氛围的营造者、评价鼓劲的激励者、学习方法的指导者、人格品质的影响者等，涉及引导课堂学习提质增效的众多因素，"导"既体现教师的关键作用，又突出学生主体的决定性因素。

在此以学生作业为例，谈谈教师"导"的途径与价值。

在《年年有余》课例中，要求学生了解中国的传统文化，初步感受传统鱼纹的艺术美感，了解中国文字谐音的用法，懂得圆形纹样的特点，并运用概括、夸张等手法设计圆形鱼纹装饰。在执教过程中，学生学习兴趣很浓，通过对中国传统文化的了解，结合预设的作业要求（设计一张圆形鱼纹装饰图，作为献给祖国母亲60岁生日的礼物），学生设计得各具特色，纷纷表达了对祖国美好的愿望和祝福。在学生自愿展示自己作业的时候，都说出了自己的设计意图，总的说来都是符合要求的。但有一个学生，他试着举了几次手，似乎没信心，被我看在眼里，我走到他的身旁，看了看他的作业，确实与众不同，我便对全班同学说："请同学们以热烈的掌声欢迎彭×讲讲他的画"。他犹豫了一会，在我赞许的目光下，还是走上了讲台，很不好意思地讲了他的作业。他设计的是一条非常奇怪的鱼，看起来狰狞可怖、青面獠牙，还带着两把刀，周围的水草也不怀好意，握着拳头在向中间的鱼比试比试，好像随时要开战（图5-3-1）。我看在眼里，感觉很奇怪，他怎么会这么想，这么画呢？他说："我画的是一条怪鱼，没有哪条鱼和它玩，水草也欺负它，那些鱼都跑去和水草玩了。"他声音很小，我鼓励他大声点，他却走下了讲台。我试着重复了他讲的意思，却引来一片笑声。课后，按我研究课例的要求，在让学生讲讲他的画环节中，我首先就想到了他，于是我利用课间十分钟找他谈话。刚开始他怎么也不说，在我的鼓励下，他吞吞吐吐地说了一些生活中的事。班上的学生不和他玩，下午放学后，几个大一点的学生在路上围着打他。他说后，我恍然大悟，也难怪他的作业画成那样。

图5-3-1　彭×的作业

这在我的心里烙下了一个深深的印记，没想到我们平常冷漠对待的美术作业竟会是这样，尽管有些学生的作业不堪入目，但那零乱的线条却传达着某种信息。那是学生内心世界间接的反映，是他对客观世界的理解，是对所受的教育、所处的环境的最纯真的感受，所以，美术作业不仅仅是美术课上教师要求完成的作业，还应该饱含学生的心理、情感。美术教师不应该仅仅关注学生作业的线条、色彩、构图等，还应该善于发现学生作业背后的情感表达，关注学生的心理健康，从而更好地指导教学，促进学生的健康成长。

1. 投入审美的情感走近学生

美术属于人文学科，是人文学科的核心之一，美术教育讲究的是情感的投入与心灵的交流，否则如无源之水。作为美术教育者，首先应该有情感的投入，抱着审美的心态走近学生、了解学生、研究学生。《全日制义务教育美术课程标准（2011年版）》要求美术课程要陶冶学生的高尚情操，提高审美能力。作为教师，同样应具有审美的情感，以丰富的情感感染学生。教师不光要对自然、社会、各种作品等有审美情感，对学生也要有审美情感，学生的言行举止、衣着打扮、思想品质等，都应该纳入教师的审美范畴，因为这些间接关系着学生美术作业的再现。我们往往发现，言行举止文明的学生，美术作业画得协调美观；衣着整洁的学生，其美术作业也布置得整洁大方；思想品质较好的学生，美术作业所表现的内容也是健康向上的；等等。美术作业与学生个体的各种因素有直接的联系。

因此我们在进行美术作业评价时，不要只关注学生的作业表现，还要对学生个体进行情感投入，从而在平常的校园生活中给予学生有益的指导，让学生意识到自己平常的所作所为都是在表现美，由此来美化自己的行为表现，增强学生创造美的信心。美不光体现在作业本或画纸上，那是静态的美，还应该体现在生活中、学习行为上及个人德行上，这是一种动态的美，是美的直接表现。

2. 善用发现的眼光看待学生作业

发现本身就是一种创造。我们要善于发现，在欣赏学生作业时，不是单纯地欣赏一幅画，而是体验学生的心路历程，读懂学生的所思所想，和学生的心灵对话，你会发现，那是一个相当精彩的世界。但在现实的教学中，教师对待学生的作业是冰冷的，仅一个分数或等级就了结一切。

从学生的图画本上可得知，画面干净、比例适当、涂色均匀的作业往往会得高分，但教师对学生的想象力、创造力及表现方式全然不顾，更别说对学生心灵的关心了。可真正的美术作业，是多方面因素的综合，是对学生心灵的折射，需要教师认真地体会、琢磨。例如，从画面上形态的尖锐感、内容的明确性，可以发现学生的思维状况；从选用色彩的种类、明暗、曲线和直线的构成，可以了解学生作画时的情绪（如心情愉快、活泼时用色彩丰富，倾向于明朗的黄、红、粉红、黄绿等色调；而在忧郁、烦闷、不安时用色较少，倾向于黑、紫、暗绿等色调）；色彩变化的幅度和无彩色（黑、白、灰）的使用，也可以看出学生的绘画性格（如积极、活泼者用色多，消极、拘束者用色少或只爱用无彩色）；画面上短、直线多而曲线少，锐利的角度出现多，则表明这个学生有攻击行为表现；描画很仔细的，大多是内向型的学生，而画得生动、粗壮、有力的则往往都是外向型的学生；等等。通过绘画，每个学生都能展现出这个世界上独一无二的气质，我们可以从中观察到每个学生不同的个性表现，通过学生绘画来了解学生的内心世界，从而加以引导和启迪，使他们能够得到快速的成长和自由的发展。

在对待学生作业的时候，教师应该用发现的眼光去发现、探索学生的内心世界，然后以评语或谈话引导等不同方式，帮助学生健康发展。现代社会科学技术的高速发展，需要人的丰富而高尚的情感与之平衡。这要求教师要以充沛的情感，善于发现的眼光去对待学生的作业，让学生透过美术作业这座桥梁感受到教师的欣赏、激励和帮助。

3. 以虔诚的耳朵聆听讲述

可以说，美术作业的评价很少采用聆听学生讲述的方式进行，一是因为美术课时少，属豆芽科系列，学校不重视，家长不重视，教师也就不重视，让学生讲述作业简直就是浪费时间；二是这样的评价方式太费时耗力，不易操作。要是哪个教师先让学生讲述他的作业，然后再评价，几乎是笑料，甚至会说这美术教师有点神经。可殊不知，这种看似笑话的评价方式，更能体会到学生作业的真正意思。以往我们对学生的作业进行评价时，都是站在主观立场，以自己的想法去看待作业，但中低年级学生的作业，教师并不能完全明白学生表现的内容。记得三年级一个学生的画，当时我看了半天没弄懂，以为是表现学生被困在家中，不得外出玩耍，从而向往飞鸟的自由的情境。可我觉得不完全对，当找到学生和她一起"说说我的画"后，才知道那表现的是她们家的新居。这和我的猜测完全是两回事。

按照《全日制义务教育美术课程标准（2011年版）》的要求，在欣赏、评述这一学习领域中，都不同程度的要求学生对自然和各类美术作品进行描述、理解、谈感受或评述等。那这说给谁听？可以是同学、家长、教师。而教师作为教育者，就更有义务倾听学生的讲述，了解学生的内心世界，以达到更好地指导学生学习的目的。只要你愿意，任何一个学生拿着自己的美术作业都会讲许多，特别是低年级的学生，他们画画的胆量最大，敢想也敢说，到了高年级，或许是受教育的因素，画画的胆子就小了，也学会"伪装"了。

所以，在评价学生美术作业的过程中，对于那些作业表现特别或异常的学生，教师应该主动找学生交流，倾听学生对描绘物象的讲述，这样既可以知道学生的真实情感，又能及时发现学生心中的困惑、矛盾、开心事等，帮助解决，分享快乐，让学生保持愉悦的学习心情。

4. 营造轻松的氛围引导学生大胆发挥

在美术课上，我们时常会发现：有的学生画画时总是小心翼翼，画的形象较小，位置靠中或靠一个角；有的学生总是重复着画些简笔画样的形象；有的学生懒于动笔，嘴里老说着"怎么画嘛？画不起哟"等；有的学生总临摹教材上的画，叫他自己描画看到的事物，他就是不愿意；还有的学生敷衍了事，随意画个图像就完事；等等。种种情形，是何原因呢？像这样的画法，表现得太少，不完整，教师不能更好地知道学生内心真实的想法。因为人的情感非常丰富，他的外在表现不完全就是内心的真实想法，往往在不同的环境中，会有不同程度的隐藏，只有当心灵得到完全释放，在轻松自由、无拘无束的情境中，才会最大限度地展现他们的所思所想，才会最佳地发挥他们的潜能，这时所描绘的形象就与心中所想紧密相连了。

在美术教学中，教师要透过作业关注学生的情感表达，还要注重美术课堂氛围的营造。如果课堂气氛非常紧张，课堂纪律倒是安静，可这样的氛围画不出各具个性的画；如果课堂氛围活跃，学生的思维调动起来了，拥有了足够的信心，敢想敢画，那创造出来的形象就非同一般了。有些在成人看来是有缺陷的"四不像"的东西，却最能体现学生的情感，注入了许多心灵的因素，是对内心世界的间接描画。学生的美术作业无对错之分，那只是他们表达情感的一种方式。

所以教师要尽量给学生营造一个宽松自由的教学的环境，让他们最大限度地展现感情和灵感，让他们在绘画的过程中获得快乐和自信，获得终身受益的审美意识和能力，那达成美术教育的目的就事半功倍了。在绘画的过程中，鼓励学生独自动脑，自由、自信地画，养成良好的绘画习惯，不要一手拿铅笔一手拿橡皮，反复修改着画，失去画画的信心和胆量，这样的作业缺少活泼、天真，甚至会机械呆板。

5. 无私的大爱滋润学生心田

蔡元培先生说："人人都有感情，而并非都有伟大而高尚的行为，这由于感情推动力的薄弱。要转弱而为强，转薄而为厚，有待于陶养。陶养的工具，为美的对象，陶养的作用，叫做美育。"我们关注学生情感表达的目的，是要通过教师的引导和陶养，让学生的行为"转弱而为强，转薄而为厚"。在这个过程中，需要教师具有无私的大爱，关爱每一个学生，不分性别、贫富，哪怕是你心中最调皮的学生也应该施以大爱，如春雨滋润心田，让其健康茁壮成长。对学生的爱是不讲条件和回报的，也是不能讲条件和回报的。只有真正容纳学生的一切，才能有的放矢地引导学生发展，深入学生的情感世界。"只要你好好画，把色彩涂匀，我就给你高分。""认真画吧，在比赛中获奖了，我送你一盒彩色笔"等，这样的爱都附加了条件。有人说："只爱对方的优点叫欣赏，不是爱。爱对方的不足，且付诸行动，这样的爱乃真爱。"又有人说："准备好一颗心，因爱而快乐。爱，有治疗性。再伤痛的心，都有治愈的期望。教育的过程，应该是教育者提高爱的能力的过程。"不断提高爱的能力吧！激发兴趣，让每个学生的心田都绽放绚烂的花朵，结出健康丰硕的果实。

美术作业是学生情感世界的表达，是师生交流沟通的最好介质，是通往学生心灵的桥梁。教师的"导"与学生的"学"形成有机统一体，课堂的"共生"关系和谐，教学的有效性才能发挥出来。

第五章　赋能美术　以美育人

第四节　新时代美育新使命

《关于全面加强和改进新时代学校美育工作的意见》中指出，美育是审美教育、情操教育、心灵教育，也是丰富想象力和培养创新意识的教育，能提升审美素养、陶冶情操、温润心灵、激发创新创造活力。

王大根教授认为，美术教育的价值大体包括在道德感化、美感陶冶、生命体验、身心治疗、感官训练、信息交流、知识获取、记忆促进、智力发展、表现方法等方面提供正能量，于当代社会更是在培养人的创造力以及传承民族优秀文化和理解多元文化方面具有强大的作用。

美术教育绝不仅是绘画技能的传授，也不仅是美术知识的灌输，而需要教师从审美教育的大范畴去思考。美育承担着立德树人的重任，用美唤醒学生心底的真和善，培养求真之栋梁、向善之楷模、至美之人民。

一、教于忧患，育求真之栋梁

陶行知先生说："教育是什么？教人变！教人变好的是好教育，教人变坏的是坏教育。活的教育教人变活，死的教育教人变死。不教人变、教人不变的不是教育。""教育必须是战斗的。教育不是玩具，不是装饰品，不是升官发财的媒介。教育是一种武器，是民族、人类解放的武器。"

"百年国史已有镜鉴：教育盛，虽战乱纷争仍人才辈出、民力丰沛、国体向上；教育衰，纵四海平定歌舞升平也社会浮躁、未来迷茫、振兴乏力。教育，国之命脉，牵一发而动全身，系百年而导国运，而先生又为教育之魂魄，是国之方向性指标。"教育是党之大计、国之大计，事关民生福祉，事关国家发展，事关民族未来。蔡元培先生以"思想自由、兼容并包"的思想担任北京大学校长，引领北京大学空前的学术发展势头。面对纷乱贫弱的中国，先生没有失望，知道希望就在下一代人身上。他说："只要培养一大批学者，国家就有希望。"

那承载教育使命的教师，就该"教于忧患"。党的十七届四中全会指出："全党必须居安思危，增强忧患意识，常怀忧党之心，恪尽兴党之责。"同样，作为心系教育的教师也应该增强忧患意识，正确认清形势，始终保持清醒的头脑和奋发有为的精神状态，不断开创教育现代化建设的新局面。忧患意识是中华民族的生存智慧，是促进国家进步、民族振兴的催化剂和源动力；是指一个人的内心关注超越自身的利害、荣辱、成败，而将世界、社会、国家、人民的前途命运萦系于心，对人类、社会、国家、人民可能遭遇的困境和危难抱有警惕并由此激发奋斗图强、战胜困境的决心和勇气。教师教于忧患，就是为国担忧、为民担忧，这是一种责任，更是一种担当。

"生于忧患、死于安乐。"教育没有终点，永远是一个承载唤醒、激励、包容、共生的过程。教师的忧患意识决定着教育的高度和远度。"千教万教，教人求真；千学万学，学做真人。"陶行知一句话，告诉我们，"真"才是教育的根——真教真学、教真学真。"真"是一切事物的本质属性，是一切社会关系的核心。教育作为推进社会发展的助推器和关键点，践行陶先生教育的"真"，求真知、养真德、育真才、说真话、做真人、办真事，做人追求德行之真，做学问追求真理，做事追求事态本真。作为教师，来不得半点虚假，不管是对待学生的关系，还是站在讲台上引导学习，都切实需要虔诚求真。带着一颗真心，定能露出真情，更能育出真才。

但时下，受社会经济的影响，个别教师得过且过，"当一天和尚撞一天钟"的现象不少，别说"教于忧患"，倒是"教于安乐"，不思进取，把教书育人当作谋生手段，每天任务性地完成课堂教学。韩愈说："师者，所以传道受业解惑也。"传真道、授正业、解真惑，落实一个"真"字，方能彰显教育大爱。

教育是水，可以滋养成长，也可承载梦想，如春雨般孕育无声，如小溪般一路陪伴，如急流般积极涌进，如大海般广阔任驰骋。每个学生都有一

颗纯真的心，需雨露浇灌和阳光抚照。"问渠哪得清如许？为有源头活水来。"教育的"清如许"，源自教师这一"源头活水"。教师如水般至善至美，如治水般循序渐进、遵循规律、包容洗涤、推波助澜，反之强追猛堵、死水一潭或翻江倒海，自会酿成育人"灾难"。社会在加速前进，在硬件设施建设的要求、校园文化的打造、优质生源的输入、优质师资的拥有量、信息化发展的刚性需求等方面，都使教育面临着巨大挑战。教育在不断求真的发展过程中，越来越需要具有忧患意识的师资力量，需要一起求真的发展氛围，更需要不断培养求真的未来栋梁，只有这样祖国才能持续健康发展。

二、勇担责任，做向善之楷模

"天下兴亡、匹夫有责。"大到国家，小到家庭；广到社会，小到个人，没有责任担当，会是怎样的景象？对家庭、工作、社会不负责任，甚至对自己不负责任，其生活、工作的状态，可想而知。"南开先生"张伯苓倡导"公""能"教育，提倡大家都为中国的事情尽份责任，不要"你赖我，我赖你"，"大家都说中国有我，中国就有办法了"。

教育是一份神圣的职业，当教师走进书香校园，站上三尺讲台，一言一行都在释放着"影响""陶冶""引领"的信息，学生会以教师为楷模，以教师为榜样。所以，教师是令人敬畏的，是令人仰望的，为师者，勇担责任，做向善之楷模是必备。责任是自我约束，是高度自觉，是一种使命，更是一种发自内心本真的担当；楷模是形象，是方向，是冲锋在前的旗帜，更是一切前进动力的聚焦。

而"善"呢？"善"的哲学定义：善是具体事物完好、圆满的组成，是具体事物的运动、行为和存在对社会和绝大多数人的完好、圆满发展具有的正面意义和正价值，是具体事物完好、圆满，有利于社会和绝大多数人生存发展的特殊性质和能力，是人们在与具体事物密切接触、受到具体事物影响和作用的过程中，判明具体事物的运动、行为和存在符合自己的意愿和意向，满足（完全达到）自己的生理和心理需要，产生称心如意（满意）的美好感觉后，从具体事物中分解和抽取出来的有别于"恶（残缺不完好）"的相对抽象事物或元实体。

教育需要中庸之道，追求至德至善，追求自然天理，追寻规律、规矩。"向善"是一个更广泛的概念，教师做向善楷模，更加凸显教师的大爱和胸怀。蔡元培校长到校任职的第一天，校役排队在校门口恭恭敬敬地向他行礼。而他也非常郑重地脱下帽子向校役鞠躬回礼，校役和许多师生都对他的这一行为惊讶不已……就是这件小事，给存在严重封建积习的北京大学吹进了一股强劲的平等、民主之风，塑造了一个率先"向善"的典范。那时的北京大学，是一种堕落喧哗的状态，在社会民众眼中仍是官僚机构。而蔡先生面对这样的现实，并没有抱怨，也没有退缩，而是选择垂范、向善，或许在他心里，做师者楷模比说教更有意义，也是自己本该承担的责任。

南开中学有不少富二代、官二代。富家弟子吸纸烟在当时很是时髦。每次假期回来的训育课，学校都要检查学生手指的熏黄和口袋的烟味。一次，一个学生质问："您叫我不抽烟，您干吗还抽烟呢？"张伯苓一时无语，当即把烟杆撅断说："我不抽，你也别抽！"回到校长室即把吕宋的烟扔到痰盂，校工连呼可惜。张伯苓从此再没有抽过烟。"说破嗓子不如做出样子。"张伯苓校长用实际行动征服学生，同样是一种责任担当，用"向善"的行动教导学生。

再看看晏阳初、陶行知的平民教育实践。晏阳初亲身上演"博士下乡"，携带家眷来到河北定县创办"人类社会实验室"。陶行知在创办晓庄学校时写下一副对联——和马牛羊鸡犬豕做朋友，对稻粱菽麦黍稷下功夫，每天住在牛棚里面，和老牛生活在一块儿，表露出他对平民教育的深情和责任担当。不禁让人感慨，民国先生，不仅有教育理想，更有实实在在的表率实践。没有指手画脚，也没有停留在写写文章发发牢骚上，而是真的走到最底层，走在前头，躬下身去率先垂范，从而启蒙、感化更多的人，这是何等了得的责任担当。

"责任"是抽象的，而"向善楷模"则是具体的。著名教育家梅贻琦先生说："学校犹水也，师生犹鱼也，其行动犹游泳也，大鱼前导，小鱼尾随，是从游也。从游既久，其濡染观摩之效自不求而至，不为而成。"人人有责，人人向善，则教育必兴，家国必兴。

三、胸怀远见，塑至美之人民

晏阳初说："世界最基本的要素是什么？是黄金还是钢铁？都不是，最基本的要素是人民！在谈及一个更好的世界时，我们的确是需要素质更好的人民。"在《创造宣言》里，陶行知写下了这样一段话："教育者不是造神，不是造石像，不是造爱人。他们所要创造的是真善美的活人……教师的成功是创造出值得自己崇拜的人。先生之最大的快乐，是创造出值得自己崇拜的学生。说得正确些，先生创造学生，学生也创造先生，学生先生合作而创造出值得崇拜之活人。"处处是创造之地，天天是创造之时，人人是创造之人，让我们至少走两步退一步，向着创造之路迈进吧。

"人无远虑，必有近忧。"教在当下，谋在未来。教师埋头躬耕三尺讲台，不预见未来，仅完成某学科知识的传授，那注定失败。未来的人民将是怎样的？他们需要怎样的素质和品行，需要怎样的能力和体魄？教师的工作在当下，但效益在未来。那就要求教师"以终为始"，远见性地开展工作。在核心素养引领下的大教育时代下，在大力倡导学生必备品格和关键能力培养的教学需求下，在信息革命引发社会裂变的发展轨道上，如果教师依然坚守书本知识，其教育教学的意义和价值可想而知。胸怀远见，就是要求教师主动适应当下发展，积极预见未来需要，真正做一个教育发展的先知先觉者，而不是远远跟在后面当个"只会识字的教书匠"。

至美，意即美好到达极致。教育的最终归属，就是追求至美。每个人体魄的健康至美、心性的成长至美、德行的养成至美、学术的研究至美、生活的现状至美、工作的理想至美等，这似乎成了终极目标。仰慕先生，他们无论是学业、治学，还是追求理想、传播民主、崇尚自由等，都在不断践行至美、迈向至美。美是需要感受的，更是需要创造的。美蕴含在一切事和物中，需要我们去发现、去发扬、去发展。

1917年，在上海南洋公学特班读书时师从蔡元培的黄炎培，在上海发起"中华职业教育社"，次年创立中华职业学校，为个人谋生，个人服务社会、国家及世界增进生产力做准备。其后更办校无数，桃李满天下。他把教育与职业紧密相连，为更多学子寻求"至美"的生活、工作处境。教育的起点永远是千差万别的，一千个人就有一千个起点。如何让每个起点都能如鱼得水，适切恰当地获得进步，就需要为师者精准识才，长远地预见其未来，并给予恰当的唤醒、激励、指引和扶助等，让每个人都走向属于自己"至美"的成长高地。此乃教育之神圣职责，教育之强大魅力。

过程即成长。关注过程，需要经历，需要思考，需要挑战，需要自信，或许一路艰辛，风雨兼程，但获得更丰，让学生经历美育后净化心灵、升华情感、优美成长。

习近平总书记关于教育的重要论述，让我们深切感受到教育是一项决定国家长治久安、决定民族复兴和国家兴盛、培养接班人的伟大事业，对于"培养什么人、怎样培养人、谁来培养人、为谁培养人"这一教育根本问题做了明确回答。进入新时代，教育的任务更加艰巨，面临着培养接班人的严峻考验，指出绝不能培养出一些"长着中国脸、没长中国心、没有中国情、缺少中国味"的人，要求深刻理解和把握培养德智体美劳全面发展的社会主义建设者和接班人的目标方向，把立德树人根本任务落到实处。

在2018年9月召开的全国教育大会上，习近平总书记指出，要在坚定理想信念上下功夫、在厚植爱国主义情怀上下功夫、在加强品德修养上下功夫、在增长知识见识上下功夫、在培养奋斗精神上下功夫、在增强综合素质上下功夫。这"六个下功夫"具有深刻的理论和指导意义，明确了新时代对人才的基本素质要求，是新时代人才培养工作的着力点和落脚点。

作为新时代美术教师，除了拓展学科思维，更要开阔视野，树立教育发展大格局，不能仅局限于"教书"，更要在"育人"上发力，有意识地提升自己沉稳、细心、果敢、大度、诚信、担当等职业修为，更要在感召力、前瞻力、审美力、判断力和创新力上下功夫，发挥美术教师在美育领域落实立德树人的根本价值。面对新形势，增强"四个意识"、坚定"四个自信"、做到"两个维护"，厚植为民情怀，锤炼宗旨意识，始终围绕立德树人根本目标，明大德、守功德、严师德，保持高度的政治自觉、国家认同等，践行人民教师的初心和使命。教育是推进社会发展、进步的有力武器，作为一名教师，倍感光荣又使命艰巨。

在核心素养引领下的教育新时代下，在大力倡导学生正确观念、必备品格和关键能力培养的教学需求下，在信息革命引发社会裂变的发展轨道上，教师首先要"变"，教育理念、教学策略、育人方式等要"变"，要跟上时代步伐，成为时代教育发展的先知先觉者，成为教育高质量发展的践行者；但也必须"不变"，对教育的初心使命、执着追求、终身学习的情怀和担当不能变。

王羲之在《兰亭集序》中写道："仰观宇宙之大，俯察品类之盛，所以游目骋怀，足以极视听之娱，信可乐也。"

"采菊东篱下，悠然见南山。"

新时代新美育，我们需要悠然"见美"……

后记

　　"学而行，行而学。那些旅途教会我的事。每一次旅途，都是一次机会，让我看到地球上另一角落有怎样的天空和海洋，怎样的人情和风土，能够在旅途中边走边学，更是个人史上的精进。"通过深度解读经典名作，挖掘作品中的文化意蕴和社会价值内涵，以主题化、情境化、项目式等方式，站在学生成长、教师发展、课程研究的高度深入探索，挖掘作品中的美育、德育元素，从作品形成的语言形态、主题内容、文化意蕴、艺术家思想等方面进行系统的思考和研究，有利于促进美术教师的专业成长和发展，促进美术教师更好地帮助学生开阔视野，提高学生的学习能力和水平；通过任务导学，强化对学生自主、合作学习方式的常态运用，有利于培养学生发现美、表达美的能力；通过实施主题教学，使学生深度体验其审美性、思想性和文化内涵，有利于充分发挥美术的育人价值，让美术教师积极回答并落实"培养什么人、怎样培养人、为谁培养人"的问题。

　　笔者今后将继续围绕"图像识读"这一核心素养，进一步更新"见美课堂"理念，优化"五问、五环、五驱"教学策略，做好美育与德育的有机融合，做优"以美育德"教学改革尝试，切实提升美术教育教学的质量。总而言之，在美术课堂中落实立德树人根本宗旨是美术教师的使命和担当，更是美术教育发展的需要和必然，更新教学理念，坚守立德树人初心，落实"五育并举"，大胆探索，努力进取，绽放美育人的独特魅力。

　　写下这些带着汗味儿的文字，心里涌现出无数的感恩、感动和感谢！感恩贵州省教育厅通过成立乡村名师工作室，让近1500名乡村教师得以走出乡

村，去拥抱一个个从不敢梦想的地方，如清华大学、北京师范大学、深圳大学、齐鲁师范学院美术学院、上海师资培训中心等，接受思想洗礼、理念革新、思维激发，自信前行，实现了一次次与先进、自我、未来的深度对话。各级教育领导大力支持，工作室团队不离不弃，让我们在一次又一次的活动中得到磨砺和提升，感动这份共处与共进。工作室顾问徐光荣、王松、潘彬等教师，树立德行表率，强化专业引领，激励拼搏进取，感恩这份眷顾与厚爱！

修，是为了行。未来路上，坚信能遇见更美的风景……